Julia Förster

Der Einfluss des demographischen Wandels auf die Unternehmenskultur

Herausforderungen und Handlungsmöglichkeiten

Förster, Julia: Der Einfluss des demographischen Wandels auf die Unternehmenskultur: Herausforderungen und Handlungsmöglichkeiten, Hamburg, Igel Verlag RWS 2014

Buch-ISBN: 978-3-95485-235-2
PDF-eBook-ISBN: 978-3-95485-735-7
Druck/Herstellung: Igel Verlag RWS, Hamburg, 2014

Bibliografische Information der Deutschen Nationalbibliothek:
Die Deutsche Nationalbibliothek verzeichnet diese Publikation in der Deutschen Nationalbibliografie; detaillierte bibliografische Daten sind im Internet über http://dnb.d-nb.de abrufbar.

© Igel Verlag RWS, Imprint der Diplomica Verlag GmbH
Hermannstal 119k, 22119 Hamburg
http://www.diplomica.de, Hamburg 2014
Printed in Germany

Inhaltsverzeichnis

Abbildungsverzeichnis

Tabellenverzeichnis

Abkürzungsverzeichnis

Abb.	Abbildung
Aufl.	Auflage
bzw.	beziehungsweise
d. h.	das heißt
Hrsg.	Herausgeber
Tab.	Tabelle
u. a.	unter anderem
vgl.	vergleiche
z. B.	zum Beispiel

1 Einleitung

1.1 Problemstellung

Aufgrund steigender Lebenserwartungen und rückläufiger Geburtenraten ergibt sich im Zuge des demographischen Wandels in Deutschland eine Verschiebung der Altersstrukturen, die zur Schrumpfung und Überalterung der Gesellschaft führen und Unternehmen daher vor neue Herausforderungen stellen wird.[1] Diese bestehen im Speziellen darin, „sich auf den Wandel im Bevölkerungsaufbau einzustellen und zugleich die globalen, strukturellen und wirtschaftlichen Trends zu berücksichtigen und für sich zu nutzen."[2] Die Verknappung junger, qualifizierter Arbeitskräfte führt zu einem Fachkräftemangel,[3] der Unternehmen dazu zwingt, ihre Rekrutierungsmaßnahmen noch stärker auf die Anforderungen der demographischen Entwicklung auszurichten.[4] Hierbei rücken Frauen und ältere Personen, aus denen sich Belegschaften zunehmend zusammensetzen, in den Fokus.[5] Zudem ist die Mehrheit der älteren Personen weiblich.[6] Außerdem sind insbesondere ältere Frauen durch veränderte Lebensformen wie Scheidungen oder Brüchen im Erwerbsverlauf, z. B. aufgrund von Kindererziehung, zur Alterssicherung darauf angewiesen, einer Beschäftigung auch in höherem Alter nachzugehen.[7] Daher sind ältere Frauen im Rahmen einer demographieorientierten Rekrutierung von besonderem Interesse. Hieraus ergeben sich jedoch weitere Herausforderungen für das Personalmanagement, denn die ältere Generation weist andere Werte als die jüngere auf.[8] Dies kann durch die Beeinflussung kultureller Annahmen, Denk- und Verhaltensweisen zu einer Veränderung der bestehenden Unternehmenskultur führen.[9] Für den Erfolg eines Unternehmens ist diese jedoch von besonderer Relevanz, da die konkrete Ausgestaltung der Kultur einen nachhaltigen Wettbewerbsvorteil darstellen kann. Fehlt diese Ausgestaltung, sind negative Konsequenzen für den Unternehmenserfolg zu erwarten.[10] Daher stehen Unternehmen vor der Herausforderung, ihre langfristige Wettbewerbsfähigkeit unter Berücksichtigung einer demographieorientierten Rekrutierung und deren Auswirkungen auf die unternehmensinterne Kultur zu sichern.

---

[1] Vgl. Huber (1998), 39f.
[2] Günther (2010), 21.
[3] Vgl. Lebrenz (2009), 20.
[4] Vgl. Brauweiler (2010), 99.
[5] Vgl. Krell (1999), 27.
[6] Vgl. Zahidi (2012), 23.
[7] Vgl. Clemens (2006), 43ff.
[8] Vgl. Rump et al. (2006a), 15.
[9] Vgl. Sackmann (1990), 172.
[10] Vgl. Sackmann (2004), 31.

1.2 Zielsetzung

In dieser Studie wird zunächst gezeigt, welche negativen Konsequenzen die Rekrutierung älterer Frauen für die Kultur und damit für den Erfolg eines Unternehmens haben kann. Hierfür wird ein Worst Practice-Szenario erarbeitet, das die negativen Auswirkungen der demographieorientierten Rekrutierung auf besonders relevante Aspekte der Unternehmenskultur darstellt. Des Weiteren wird das Ziel verfolgt, die Handlungsmöglichkeiten von Unternehmen hinsichtlich ihrer Kultur herauszuarbeiten und auf das Worst Practice-Szenario anzuwenden. Daraus wird im nächsten Schritt ein Best Practice-Szenario erarbeitet, das zeigt, inwiefern negativen kulturellen Auswirkungen begegnet werden kann und welche positiven Effekte zu erwarten sind. Die Möglichkeit, dass eine entsprechende Rekrutierung von Vornherein zu einem Best Practice-Szenario bzw. zu einem Szenario, das sich nicht negativ auf die Wettbewerbsfähigkeit eines Unternehmens auswirkt, führen kann, soll zwar berücksichtigt, aufgrund der mangelnden Problematik, die sich daraus ergibt, jedoch nicht näher fokussiert werden.

2 Theoretische Grundlagen

2.1 Demographischer Wandel

2.1.1 Begriff und Entwicklung

Der Begriff Demographie stammt aus dem Altgriechischen und bedeutet, das Volk (demos) beschreiben (graphein), während der Begriff des demographischen Wandels die Veränderung der Bevölkerungsgröße und –struktur umfasst.[11] Letzteres wird durch drei Einflussgrößen bestimmt. Der erste Einflussfaktor ist die Fertilität, welche die Zahl der Lebendgeburten beschreibt und bei niedrigem Stand zu einer Überalterung der Gesellschaft beiträgt. Des Weiteren trägt die Mortalität, welche die Sterblichkeit und beim Rückgang dieser eine steigende Lebenserwartung der Bevölkerung umfasst, zur demographischen Entwicklung bei. Zuletzt wird diese durch die Migration, d. h. den Wanderungssaldo einer Bevölkerung, beeinflusst.[12]

In Deutschland wird seit dem Jahr 2003 eine schrumpfende und zunehmend alternde Bevölkerung verzeichnet.[13] Dies liegt u. a. an der seit über drei Jahrzehnten niedrigen Geburtenrate, die den erforderlichen Wert von 2,1 Kindern pro Frau zum Erhalt des Bevölkerungsbestandes mit gegenwärtig 1,4 Kindern pro Frau unterschreitet.[14] Zukünftige Entwicklungen der Geburtenraten sind aufgrund verschiedener Einflussfaktoren wie Wertewandel und Lebensformen schwer zu prognostizieren. Eine mittelfristige Stagnation wird jedoch als realistisch angesehen, während ein Wiederanstieg auf das erforderliche Niveau zum Erhalt des Bevölkerungsbestandes aus heutiger Sicht unwahrscheinlich ist.[15] Ein weiterer Grund liegt in der gestiegenen Lebenserwartung der Bevölkerung, welche sich u. a. aus dem medizinischem Fortschritt und einer damit einhergehenden besseren Gesundheitsversorgung sowie verbesserten Lebens- und Arbeitsbedingungen ergibt.[16] Berechnungen zufolge wird das Durchschnittsalter der Bevölkerung bis zum Jahr 2030 gegenüber dem Jahr 2005 um zehn Jahre ansteigen und bei 51 liegen.[17]

---

[11] Vgl, Günther (2010), 4f.
[12] Vgl, Günther (2010), 7ff.
[13] Vgl. Sachverständigenrat (2011), 22.
[14] Vgl. Ilmarinen (2005), 22.
[15] Vgl. Sporket (2011), 28.
[16] Vgl. Bäcker et. al. (2010), 166.
[17] Vgl. Rump et al. (2006b), 130.

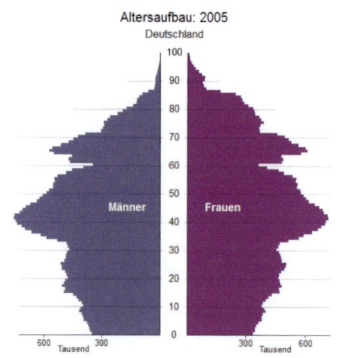
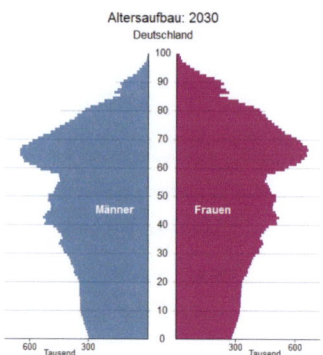

Abb. 2.1: Verschiebung der Altersstrukturen in Deutschland von 2005 bis 2030[18]

Eine weitere Beeinflussung der Bevölkerungsgröße und –struktur ergibt sich aus der Migration. Dieser Faktor war nicht nur in der Vergangenheit starken Schwankungen unterworfen, sondern wird es voraussichtlich auch in Zukunft sein, sodass Prognosen kaum möglich sind. Dies liegt an den politischen, demographischen, ökonomischen und sozialen Bedingungen, die sowohl in Deutschland als auch in den jeweiligen Herkunftsländern vorherrschen und einen erheblichen Einfluss auf den Wanderungssaldo ausüben.[19] Es wird zwar davon ausgegangen, dass die Zuwanderung die Schrumpfung und Alterung der Bevölkerung verlangsamen, jedoch nicht aufhalten kann.[20]

2.1.2 Auswirkungen auf Unternehmen

Die bisherige Forschung zum demographischen Wandel berücksichtigt keine Unterscheidung zwischen den Geschlechtern.[21] Unabhängig vom Geschlecht ergeben sich jedoch neue Herausforderungen für Unternehmen. Der Wandel zeigt sich zum einen innerhalb von Unternehmen, da eine schrumpfende und alternde erwerbstätige Bevölkerung zu einer deutlichen Veränderung der Belegschaftsstruktur führt.[22] Zum anderen zeigen Untersuchungen seit Jahren, dass die auf dem Arbeitsmarkt zur Verfügung stehenden Erwerbspersonen zunehmend von älteren Arbeitskräften dominiert sein werden, wodurch eine demographieorientierte Rekrutierung erforderlich wird.[23]

---

[18] Vgl. Statistisches Bundesamt, (o. J.), abgerufen am 15.07.2014.
[19] Vgl. Statistisches Bundesamt (2006), 51f.
[20] Vgl. Sporket (2011), 39.
[21] Vgl. Bellmann et al. (2006), 12.
[22] Vgl. Günther (2010), 24.
[23] Vgl. Brauweiler (2010), 82.

	2005	2010	2015	2020	2030
Durchschnittsalter der Bevölkerung	41	43	45	47	51
Durchschnittsalter in Unternehmen	43	45	47	49	53

Tab. 2.1: Durchschnittsalter in Unternehmen[24]

Obwohl Deutschland im internationalen Vergleich am stärksten von der demographischen Veränderung betroffen ist, wird das zur Verfügung stehende Potenzial am Arbeitsmarkt bisher nicht ausreichend ausgeschöpft.[25] Dies ist insofern problematisch, da der demographische Wandel auch bei guter Wirtschaftslage aufgrund fehlender junger, nachwachsender Menschen zu einem Fachkräftemangel führt.[26] Durch die Verrentung älterer Arbeitnehmer und dem damit verbundenen Know-How-Verlust wird der Fachkräftemangel zusätzlich verstärkt.[27] Unternehmen, die auf diese Entwicklung nicht rechtzeitig reagieren und demographieorientiert handeln, gefährden daher ihre Wettbewerbsfähigkeit.[28] Bisher werden ältere Beschäftigte jedoch nicht ausreichend in die Wertschöpfung eingebunden. Dies liegt vor allem an der negativen Meinung, die in der betrieblichen Praxis gegenüber älteren Beschäftigten vorherrscht.[29] Aufgrund vergangener und gegenwärtiger Entwicklungen ist es aus ökonomischer Perspektive wie z. B. dem Erhalt der Wettbewerbsfähigkeit jedoch unausweichlich, das Potenzial älterer Mitarbeiter besser zu nutzen. Eine demographieorientierte Rekrutierung leistet dabei aufgrund des Fachkräftemangels sowie dem drohenden Know-How-Verlust durch die Verrentung älterer Arbeitnehmer einen zentralen Beitrag zur Sicherung der Produktivität von Unternehmen.[30]

---

[24] Rump et al. (2006b), 130.
[25] Vgl, Günther (2010), 21f.
[26] Vgl. Roth et al. (2010), 38.
[27] Vgl, Günther (2010), 26.
[28] Vgl. Watrinet et al. (2009), 75.
[29] Vgl. Klee et al. (2004), 143.
[30] Vgl. Raabe et al. (2003), 150.

2.2 Unternehmenskultur

2.2.1 Begriff

Kultur ist ein Phänomen, das in verschiedenen Forschungsgebieten untersucht und aufgrund der unterschiedlichen Betrachtung vielfältig definiert wird. Unterschiede der Kulturdefinitionen kristallisieren sich jedoch nicht ausschließlich zwischen den Forschungsgebieten heraus, sondern herrschen auch innerhalb eines Forschungsgebiets vor.[31] Dies liegt an unterschiedlichen Kulturkonzepten, die sich durch unterschiedliche Perspektiven und damit unterschiedliche Auffassungen von Kultur ergeben.[32] Nach aktuellem Forschungsstand gibt es drei grundsätzliche Konzepte, mit denen die Kultur eines Unternehmens beschrieben werden kann.[33] Im funktionalistischen Ansatz wird Unternehmenskultur „als Komponente im sozialen System Unternehmung"[34] verstanden. Der interpretative Ansatz versteht Unternehmenskultur hingegen nicht als Instrument der Unternehmensleitung, sondern „als soziale Konstruktion der Wirklichkeit in den Köpfen der Mehrzahl der Unternehmensmitglieder."[35] Die Kombination beider Ansätze stellt das dritte Kulturkonzept dar und wird als „reflektiert funktionalistisch" bezeichnet.[36] Ein Vertreter dieses Ansatzes ist *Schein*. Er geht davon aus, „dass Unternehmenskultur integrierter Bestandteil und Variable eines soziokulturellen Systems ist."[37] Sein Modell gilt als das am meisten zitierte und wird von zahlreichen Autoren als Grundlage für weitere Forschungen aufgegriffen.[38] Da die Dynamik im Rahmen dieser Studie von hoher Bedeutung für die Untersuchung ist und Kultur in der Synthese des funktionalistischen und interpretativen Ansatzes als dynamisches Konstrukt verstanden wird,[39] bildet das reflektiert funktionalistische Konzept auch hier die Grundlage. In diesem Ansatz wird Unternehmenskultur als „the pattern of basic assumptions which a given group has invented, discovered, or developed in learning to cope with its problems of external adaption and internal integration, which have worked well enough to be considered valid, and, therefore, to be taught to new members as the correct way to perceive, think and feel in relation to those problems"[40] verstanden.

---

[31] Vgl. Rothlauf (2006), 17.
[32] Vgl. Allaire et al. (1984), 194.
[33] Vgl. Pittrof (2011), 17.
[34] Grabner-Kräuter (2000), 295.
[35] Ebd.
[36] Pittrof (2011), 24.
[37] Unterreitmeier et al. (2004), abgerufen am 19.07.2014.
[38] Vgl. Prätorius et al. (1993), 65.
[39] Sackmann (1990), 162.
[40] Im Original sind einzelne Textbausteine unterstrichen. Schein (1983), 1f.

Nach *Schein* gibt es drei Ebenen, auf denen sich Kultur analysieren lässt. Diese werden vor allem durch einen unterschiedlichen Grad der Sichtbarkeit gekennzeichnet.[41]

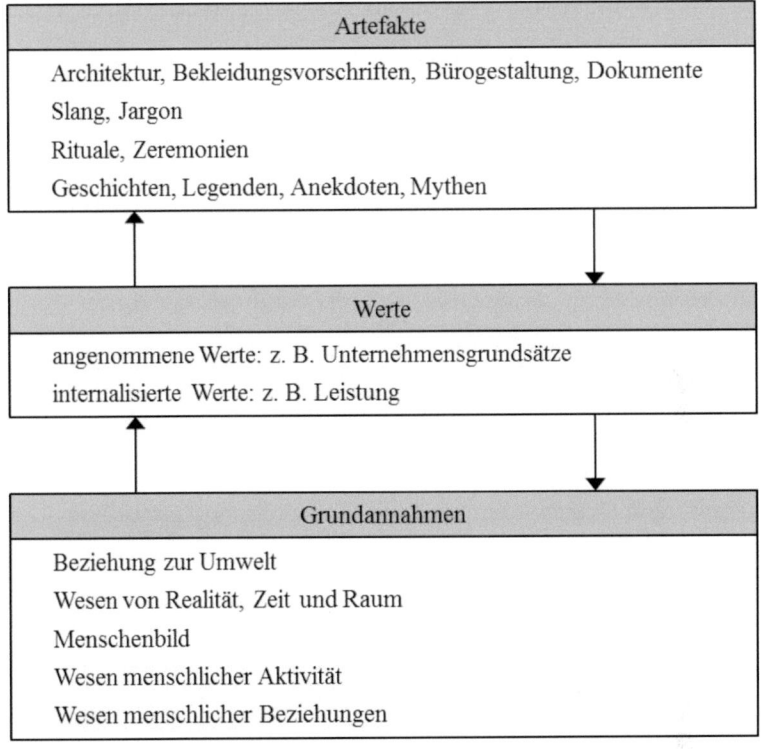

Abb. 2.2: Ebenen der Kultur[42]

Die erste Ebene bilden die Artefakte, welche die sichtbaren Elemente einer Kultur darstellen. Daher sind sie für Außenstehende leicht zu beobachten. Aufgrund der Mehrdeutigkeit von Symbolen kann eine Interpretation jedoch erst dann erfolgen, wenn auch auf den übrigen Ebenen Erfahrungen gesammelt wurden. Eine Bedeutung der Artefakte erschließt sich Beobachtern daher nur, wenn sie eine gewisse Zeit in dieser Kultur gelebt haben.[43]

Kollektive Werte sind Gegenstand der zweiten Ebene. Diese spiegeln den Wertekanon wider, der sich im Laufe der Zeit innerhalb einer Gruppe gebildet hat.[44] Sie werden als „enduring belief that a specific mode of conduct or end state of existence is personally or socially

---

[41] Vgl. Schein (1995), 29.
[42] Scholz nach Schein: Scholz (2014), 913.
[43] Vgl. Schein (1995), 30f.
[44] Vgl. Schein (1995), 31f.

preferable to an opposite or converse mode of conduct or end state of existence"[45] definiert. Hierbei wird zwischen angenommenen Werten, z. B. Führungsgrundsätzen, und internalisierten Werten, z. B. Sozialverhalten, unterschieden. Letztere üben dabei einen stärkeren Einfluss auf das Verhalten von Mitgliedern einer Kultur aus.[46]

Werte, die eine kontinuierliche Bestätigung erfahren, werden zunehmend als selbstverständlich angesehen und wandeln sich im Laufe der Zeit zu Grundannahmen. Diese stellen die dritte Ebene dar und werden als Essenz einer Kultur beschrieben, da erst das Verständnis der Grundannahmen dazu führt, dass die übrigen Ebenen im gegebenen Kulturkontext richtig interpretiert bzw. beurteilt werden (können). Innerhalb einer Gruppe finden sich bezüglich der Grundannahmen meist nur geringe Unterschiede, da jedes Verhalten, das von den geteilten und als selbstverständlich angesehenen Grundannahmen abweicht, abgelehnt wird.[47]

2.2.2 Kulturdualität als dynamischer Ansatz

Das Dualitätsprinzip erklärt die Entstehung von Kultur.[48] Es „verlangt die Berücksichtigung der wechselseitigen Beeinflussung von kulturellen Vorgaben (Grundannahmen, Werten, Normen und Einstellungen) und gelebtem Verhalten: Organisationskultur ergibt sich zum einen aus dem Verhalten der Organisationsmitglieder, beeinflußt zum anderen selbst deren Verhalten."[49]

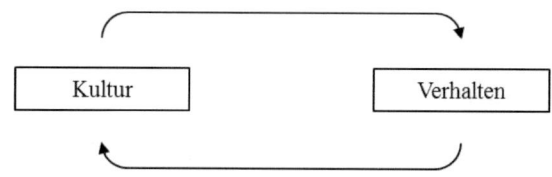

Abb. 2.3: Kulturdualität (eigene Darstellung)

Da Unternehmenskultur aus dem laufenden Verhalten von Mitarbeitern entsteht, ist sie auf der einen Seite Verhaltensergebnis. Auf der anderen Seite dient sie jedoch auch als Orientierungssystem, da das Verhalten durch die Unternehmenskultur geprägt wird. Aufgrund dieser Beeinflussung nähern sich Unternehmenskultur und -verhalten schrittweise an. Verhalten sich Mitarbeiter nicht im Sinne der vorherrschenden Kultur, kann dies einen Kulturkonflikt hervorrufen, der möglicherweise zur (inneren) Kündigung oder aufgrund des Dualitätsprinzips zu einer Veränderung der Unternehmenskultur führt. Im Rahmen des Dualitätsprinzips

---

[45] Rokeach (1973), 5.
[46] Vgl. Scholz (2014), 913f.
[47] Vgl. Schein (1995), 33.
[48] Vgl. Scholz (2014), 998.
[49] Scholz (1990), 55.

lässt sich Kultur ausschließlich über das Verhalten analysieren und verändern. Sie selbst prägt jedoch permanent das Verhalten.[50]

2.2.3 Dimensionen zur Erfassung von Unternehmenskultur

Aus zahlreichen empirischen Studien, die den Zusammenhang zwischen Dimensionen der Unternehmenskultur und dem Unternehmenserfolg untersuchten, hat *Sackmann* neun inhaltliche Dimensionen charakterisiert, die positiv mit dem Erfolg eines Unternehmens korrelieren. Aufgrund der Mehrdimensionalität und -schichtigkeit von Unternehmenskulturen wird davon ausgegangen, dass sowohl eine gleichzeitige Beachtung der Dimensionen als auch eine Berücksichtigung ihrer Abhängigkeiten für den Unternehmenserfolg relevant sind.[51]

Klare und kommunizierte Identität: Erfolgreiche Unternehmen haben eine klare Identität bzw. klare Werte und kommunizieren diese nach innen und außen. Dies umfasst u. a., welche Verhaltensweisen des Unternehmens, der Führungskräfte und Mitarbeiter wünschenswert sind. Als Indikator kann das Unternehmensleitbild dienen.[52]

Strategische (Ziel-)Orientierung: Dieser Erfolgsfaktor ist mit dem vorherigen eng verbunden und umfasst eine an der Unternehmensidentität ausgerichtete Zielorientierung, die sich u. a. in der strategischen Führung widerspiegelt. Als Indikatoren können die strategische Vision und ihre Verbreitung bzw. Kommunikation innerhalb des Unternehmens herangezogen werden.[53]

Kundenorientierung: Diese nach außen gerichtete Dimension hat Studien zufolge den stärksten Einfluss auf den finanziellen Unternehmenserfolg. Entscheidend ist dabei, dass diese Dimension in der strategischen Orientierung verankert ist. Einen Indikator zur Messung dieses Erfolgsfaktors stellt je nach Branche z. B. die Anzahl der Reklamationen dar. Die Dimension kann jedoch auch über die Befragung von Mitarbeitern oder Kunden erfasst werden.[54]

Lern- und Anpassungsfähigkeit: Lernfähigkeit umfasst sowohl die Offenheit und Wahrnehmung gegenüber Veränderungen im relevanten Umfeld als auch die Reflexion eigener Handlungen sowie eine stetige Weiterentwicklung. Basierend auf der Lernfähigkeit erfordert die Anpassungsfähigkeit, dass Unternehmen sich an dem gegebenen Umfeld orientieren und entsprechend verändern. Damit kann sowohl eine unmerkliche Verkrustung als auch eine Abdriftung von Unternehmenskulturen vermieden werden. Als Indikatoren zur Messung

---

[50] Vgl. Scholz (2014), 930f.
[51] Vgl. Sackmann (2006), 7.
[52] Vgl. Sackmann (2006), 8.
[53] Ebd.
[54] Vgl. Sackmann (2006), 9.

dieser Dimensionen dienen bei der Lernfähigkeit z. B. das Ausmaß an Entwicklungsmöglichkeiten, bei der Anpassungsfähigkeit die Häufigkeit und zeitliche Dauer von strategischen Anpassungen.[55] Hierbei ist jedoch fraglich, inwieweit diese Indikatoren messbar gemacht werden können.

Innovationsfähigkeit: Die Innovationsfähigkeit kann für Unternehmen einen revolutionären Charakter annehmen und steht in engem Zusammenhang mit der evolutionär orientierten Lernfähigkeit. Wenn Unternehmen neuartige Produkte oder Prozesse generieren, die am Markt Bestand haben sowie effektiv bzw. effizient sind, kann dies die Wettbewerbsposition eines Unternehmens sichern bzw. stärken. Als Indikator für Innovationsfähigkeit kann z. B. die Anzahl der Verbesserungsvorschläge von Mitarbeitern herangezogen werden.[56]

Nutzen der Potenziale von Mitarbeitern: Diese Dimension beinhaltet u. a. die Ausrichtung an humanistischen Werten, die Einbeziehung von Beschäftigten, sowie die Mitarbeiterorientierung. Ebenso vielfältig wie die Auswirkungen dieser Dimension sind auch ihre Indikatoren zur Messung. Hierbei können Befragungen zu einzelne Auswirkungen durchgeführt oder auf bereits vorhandene Statistiken, z. B. hinsichtlich der Fluktuationsrate, zurückgegriffen werden. Aufgrund der branchenbedingten Variation dieser Kennzahlen lässt sich die relative Position eines Unternehmens erst im Branchenvergleich feststellen.[57]

Partnerschaftliche und kulturkonforme Führung – offene Kommunikation: Die Art der Führung ist mit der vorangegangen Dimension eng verbunden und besitzt einen starken Einfluss auf das Verhalten sowie das Engagement von Mitarbeitern und ihrer Identifikation mit dem Unternehmen. Partnerschaftliche und partizipative Führung korrelieren in verschiedenen Studien mit dem Unternehmenserfolg (vgl. 4.2.4). In Bezug auf eine kulturkonforme Führung, die voraussetzt, dass Führungskräfte sich entsprechend der im Unternehmen herrschenden Kultur verhalten und als Vorbild agieren, gibt es keine direkten Korrelationen. Dennoch weisen quantitative Studien auf eine zentrale Bedeutung dieser Führungsart hin, da erfolgreiche Unternehmen bei der Rekrutierung von Führungskräften eine Selektion vornehmen, die sich u. a. an der Kultur orientiert. Unabhängig von der Art der Führung wird der Form der Kommunikation eine starke Bedeutung beigemessen. Als besonders wichtig wird dabei nicht nur die Offenheit, sondern auch die Konsistenz mit (sowie die Verstärkung) der Unternehmenskultur angesehen. Je nachdem, welche Kommunikation in einem Unternehmen

---

[55] Vgl. Sackmann (2006), 9f.
[56] Vgl. Sackmann (2006), 11.
[57] Vgl. Sackmann (2006), 11f.

bzw. einer Kultur vorherrscht, kann die Nutzung von Mitarbeiterpotenzialen ermöglicht, aber auch verhindert werden. Hierfür sind z. B. Mitarbeitergespräche ein wichtiger Indikator.[58]

Leistungsorientierung/Leistungsbereitschaft und –fähigkeit: Diese Dimension spiegelt sich vorrangig in einem Denken und Verhalten wider, das selbstinitiiert ist. Dementsprechend stellt das Ausmaß selbstinitiierten Handelns neben der Bereitschaft zu zusätzlichen Beiträgen oder der Zielerreichung einen möglichen Indikator zur Erfassung dieser Dimension dar.[59] Fraglich ist jedoch zum einen, inwieweit das Ausmaß selbstinitiierten Handelns messbar gemacht werden kann und zum anderen, ob eine solche Messung objektiven Kriterien entsprechen würde.

Balancierte Stakeholder-Orientierung: Eine Berücksichtigung dieser Dimension findet in Fragebogenstudien selten statt. Fallstudien weisen jedoch darauf hin, dass die Orientierung an Stakeholdern eine größere Bedeutung für den Erfolg eines Unternehmens hat als die Orientierung an Shareholdern. Als wichtigste Stakeholder werden Kunden, Mitarbeiter sowie Shareholder angesehen. Eine gleichzeitige, ausgewogene und stetige Berücksichtigung der Interessen dieser Anspruchsgruppen soll den langfristigen Unternehmenserfolg sichern.[60]

Neben den inhaltlichen Dimensionen deduzierte *Sackmann* drei Gütemaße, die über Funktionalität bzw. Qualität einer Kultur Aufschluss geben sollen. Zum einen charakterisiert sie die strategische Passung, die einen hohen Übereinstimmungsgrad zwischen der vorhandenen Unternehmenskultur sowie der sich daraus ergebenen notwendigen strategischen Orientierung eines Unternehmens erfordert. Eine besondere Bedeutung spielen dabei in Hinblick auf dynamische Märkte die Lern- und Anpassungs- sowie Innovationsfähigkeit eines Unternehmens.[61] Zum anderen betrachtet *Sackmann* die multidimensionale Orientierung als Gütemaß. Dies bedeutet, dass Unternehmenskultur aus mehr als einer Dimension besteht und die bloße Betrachtung einzelner Dimensionen keinen Aufschluss über die Kultur eines Unternehmens geben kann. Welche Dimensionen letztlich zur genauen und sicheren Erfassung von Unternehmenskultur dienen, ist jedoch unklar. Auf Basis bisheriger Studien und Theorien lässt sich lediglich sicher sagen, dass die Kultur eines Unternehmens aus mehreren Dimensionen besteht.[62] Das letzte Gütemaß ist die Konsistenz zwischen normativem Anspruch und gelebtem Verhalten. Je höher der Übereinstimmungsgrad zwischen gewünschter und gelebter Unternehmenskultur ist, desto stärker korreliert diese mit dem Unternehmenserfolg. Ein

---

[58] Vgl. Sackmann (2006), 12ff.
[59] Vgl. Sackmann (2006), 14.
[60] Vgl. Sackmann (2006), 14f.
[61] Vgl. Sackmann (2006), 15f.
[62] Vgl. Sackmann (2006), 17f.

geringer Grad der Übereinstimmung weist hingegen auf deutliche Probleme im Unternehmen hin.[63]

Neben diesen Dimensionen erfüllen Unternehmenskulturen mehrere für den Wettbewerb und damit für das Unternehmen relevante Funktionen. Diese werden nachfolgend dargestellt.

2.2.4 Bedeutung von Unternehmenskultur für Unternehmen

Das Dualitätsprinzip zeigt, dass die Kultur eines Unternehmens nicht nur von Mitarbeitern beeinflusst wird, sondern für diese auch handlungsleitend ist (vgl. 2.2.2). Bezogen auf die Mitarbeiter, aber auch darüber hinaus, erfüllt die Unternehmenskultur eine Reihe von Funktionen. Fünf besonders relevante Funktionen werden von *Scholz* charakterisiert.

Die Motivationsfunktion umfasst die Sinngebung der Arbeit sowie die damit verbundene Steigerung der Leistungsbereitschaft von Mitarbeitern.[64] Voraussetzung für den motivationalen Charakter einer Unternehmenskultur ist jedoch die Identifikation der Mitarbeiter mit dieser.[65] Daher kommt der Kultur auch eine Identifikationsfunktion zu, die das Zugehörigkeitsgefühl und in diesem Zusammenhang auch Motivation und Engagement von Mitarbeitern erhöhen soll. Das Verhalten wird hingegen über die Koordinationsfunktion gesteuert.[66] Diese bietet als Basis für die alltägliche Zusammenarbeit einen Orientierungsrahmen sowie Wertekonsens,[67] wodurch den Mitgliedern einer Kultur sowohl für die Wahrnehmung als auch für die Interpretation von Ereignissen Muster vorgegeben werden,[68] die in Entscheidungssituationen Sicherheit geben und damit zu einer Reduktion von Komplexität führen.[69] Daneben betont *Scholz* die Profilierungsfunktion, die eine Abgrenzung zu anderen Unternehmen darstellt, sowie die Akquisitionfunktion, welche die Außenwirkung des Unternehmens aufgreift und das Unternehmen für mögliche Bewerber attraktiv erscheinen lassen soll. Darüber hinaus ergeben sich aus den genannten Funktionen sekundäre Auswirkungen wie die Steigerung der Innovationsleistung oder eine Verbesserung des Arbeitgeberimages.[70]

Die Unternehmenskultur gewinnt als Wettbewerbs- und Imagefaktor zunehmend an Bedeutung.[71] Dies zeigen auch Studien von *Great Place to Work*. Demnach unterscheiden sich sehr

---

[63] Vgl. Sackmann (2006), 18.
[64] Vgl. Scholz (2014), 909.
[65] Vgl. Beile et al. (2009), 232.
[66] Vgl. Scholz (2014), 909.
[67] Vgl. Lönnies (2010), 325.
[68] Vgl. Steinmann et al. (2013), 654.
[69] Vgl. Kobi et al. (1986), 60.
[70] Vgl. Scholz (2014), 909.
[71] Vgl. Beile et al. (2009), 245.

gute Arbeitgeber von weniger guten Arbeitgebern insbesondere in der Unternehmenskultur sowie den für die Unternehmenskultur getätigten Investitionen.[72] Damit wird Kultur zu einem Wettbewerbsvorteil, der aufgrund der Nicht-Kopierbarkeit nachhaltiger sein kann als Produkte oder Dienstleistungen. Zur Nutzung dieses Wettbewerbsvorteils ist jedoch die Ausgestaltung der Unternehmenskultur von zentraler Bedeutung. Diese kann die Wettbewerbsfähigkeit sowohl im positiven als auch im negativen Sinne beeinflussen.[73]

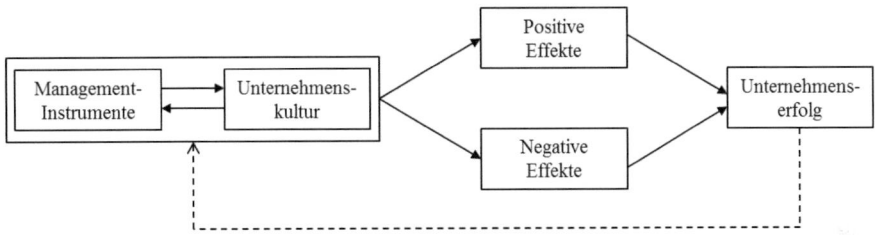

Abb. 2.4: Zusammenhang zwischen Unternehmenskultur und Unternehmenserfolg[74]

Auch *Scholz* weist bei den genannten Funktionen der Unternehmenskultur auf mögliche negative Konsequenzen hin. So kann die Motivationsfunktion Innovationen eindämmen, die Koordinationsfunktion zu Problemen mit Kunden führen, die Identifikationsfunktion das Gefühl vermitteln, als sei das Unternehmen ein „Selbstbedienungsladen", die Profilierungsfunktion zu einer offensiven Abkopplung und die Akquisitionsfunktion zum Anlocken „falscher" Mitarbeiter führen.[75] Weitere negative Effekte können sich durch mangelnde Flexibilität, Blockierungen neuer Orientierungen, Fixierung auf bisherige Erfolgsmuster oder Vermeidung von Selbstreflexion ergeben.[76]

2.3 Ältere Arbeitnehmerinnen

2.3.1 Der Altersbegriff

Es gibt verschiedene Ansätze, die zur Definition des Alters herangezogen werden können. Die nachfolgende Tabelle stellt eine Übersicht dieser Ansätze dar.

---

[72] Vgl. Schulte-Deußen et al (2013), 111f.
[73] Vgl. Sackmann (2004), 31.
[74] Baetge et. al. (2007), 189.
[75] Vgl. Scholz (2014), 909.
[76] Vgl. Steinmann et al. (2013), 670f.

Ansatz	Definition
Chronologisch/Kalendarisch	Zeitliche Existenz einer Person
Biologisch	Anatomische Eigenschaften und ihre altersbedingte Veränderung
Sozial	Alter im Verhältnis zum Durchschnittsalter einer normativen Gruppe/Soziale Wahrnehmung und Einstellung der Gesellschaft hinsichtlich der Kategorisierung in „jung" und „alt"
Psychologisch	Orientierung an Bedürfnissen, Erwartungen und Verhalten
Funktional	Fähigkeit, Leistungsanforderungen zu erfüllen
Subjektiv	Wahrnehmung des eigenen Alters (im Gegensatz zum sozialen Alter liegt hier eine Selbstwahrnehmung vor)
Organisational	Dauer der Betriebszugehörigkeit/aktuellen Position

Tab. 2.2: Abgrenzung verschiedener Altersansätze[77]

Eine eindeutige Definition des Alters wird nicht nur durch die Anzahl verschiedener Ansätze erschwert, sondern auch dadurch, dass zwischen Menschen gleichen kalendarischen Alters Differenzen hinsichtlich geistiger und körperlicher Fähigkeiten bestehen können.[78] Daher kann im Rahmen dieser Studie nur das chronologische bzw. kalendarische Alter als absolute Unterscheidungsgröße herangezogen werden. Theoretisch wäre zwar auch das soziale Alter denkbar, doch dieses hängt maßgeblich von der zu betrachtenden Gruppe ab. Da in dieser Studie jedoch kein explizites Unternehmen und damit auch keine explizite Gruppe betrachtet wird, kann der Ansatz des sozialen Alters nicht als Definitionsgrundlage dienen. Bezüglich des chronologischen bzw. kalendarischen Alters liegen jedoch verschiedene Definitionen vor. Die *OECD* definiert ältere Beschäftigte beispielsweise als in der zweiten Berufshälfte

---

[77] Vgl. Bruggmann (2000), 6ff.
[78] Vgl. Schmidt (2004), 23.

stehende Personen, die gesund und arbeitsfähig sind, wodurch die Grenze bei etwa 45 Jahren gezogen wird.[79] *Ilmarinen* legt die untere Grenze hingegen bei einem kalendarischen Alter von 45 bis 50 Jahren an.[80] Je nach Branche kann die Schwelle jedoch auch deutlich niedriger oder höher liegen. Während sie in der IT-Branche weit unter 40 Jahren liegt,[81] kann sie im Bereich der Verwaltung 55 Jahre betragen.[82] Die *Bundesagentur für Arbeit* bezeichnet Arbeitnehmer ab 50 Jahren als älter.[83] Dies deckt sich mit der Ansicht der deutschen unternehmerischen Praxis, die Beschäftigte ebenfalls ab 50 Jahren als alt einstuft.[84] Da in dieser Studie nicht zwischen Branchen unterschieden wird und sich die Untersuchung auf deutsche Unternehmen bzw. Arbeitnehmerinnen konzentriert, werden erwerbstätige Personen ab einem Alter von 50 Jahren als „ältere Arbeitnehmer/Mitarbeiter" angesehen. Diese gehören der Generation der Babyboomer an, wie nachfolgend dargelegt wird.

2.3.2 Charakterisierung der Babyboomer-Generation

Der Begriff der Babyboomer geht auf den Anstieg der Geburtenrate nach dem Ende des Zweiten Weltkriegs zurück und beschreibt eine Generation, die sowohl durch die Spätfolgen des Zweiten Weltkriegs als auch die Zeiten des Wirtschaftswunders geprägt wurde.[85] Über die exakte zeitliche Einordnung dieser Generation bestehen jedoch unterschiedliche Auffassungen. So ordnet *Holste* die Babyboomer beispielsweise im Geburtszeitraum von 1946 bis 1964 ein,[86] während *Müller* einen Zeitraum von 1950 bis Mitte der 1960er angibt[87] und *Oertel* die Geburtenjahrgänge von 1956 bis 1965 als Babyboomer-Generation ansieht.[88] Die Angabe von Zeiträumen, welche einzelne Generationen voneinander differenzieren soll, ist jedoch nicht als strikte Grenzziehung zu verstehen.[89] Sie basiert vorrangig auf geteilten Werten und Erfahrungen. Daher ist es auch möglich, dass Personen, die innerhalb eines oben angegebenen Zeitraums geboren sind, im Grunde nicht der Charakteristik der Babyboomer-Generation entsprechen, während andere, außerhalb dieses Zeitraums geborene Personen, dieser Generation aufgrund ihrer Werte und Erfahrungen theoretisch zugeteilt werden können. Dies stellt jedoch eher den Ausnahmefall als die Regel dar.[90] Die unterschiedlichen Auffassungen über den Geburtszeitraum der Babyboomer finden sich primär beim zeitlichen Beginn dieser

---

[79] Vgl. Lehr (2000), 208.
[80] Vgl. Ilmarinen (2004), 29.
[81] Vgl. Günther (2010), 32.
[82] Vgl. Naegele (1992), 8ff.
[83] Vgl. Gartz (2011), abgerufen am 23.07.2014.
[84] Vgl. Hettstedt (2010), 43f.
[85] Vgl. Parment (2009), 23.
[86] Vgl. Holste (2012), 19.
[87] Vgl. Müller (2013), 463.
[88] Vgl. Oertel (2014), 28.
[89] Vgl. Burke (2004), 1.
[90] Vgl. Holste (2012), 18f.

Generation. Hinsichtlich des Endes herrscht insoweit Einigkeit darüber, dass die Geburtenjahrgänge bis Mitte der 1960er Jahre der Babyboomer-Generation zuzuordnen sind. Dies ist für diese Studie insofern von Belang, als dass ein Großteil dieser Generation das 50. Lebensjahr bereits vollendet hat und daher jene Personen, d. h. Frauen, einschließt, die in der Untersuchung von Interesse sind. Die letzten Angehörigen der Babyboomer werden etwa 2030 aus dem Unternehmen ausscheiden, d. h. zu einem Zeitpunkt, in dem das Durchschnittsalter in Unternehmen bereits bei 53 Jahren liegt (vgl. 2.1.2).[91]

Die primäre Prägung einer Generation erfolgt im Kindheits- und Jugendalter durch das Erleben und Verhalten des jeweiligen sozio-kulturellen Umfelds. Eine besondere Bedeutung erlangen dabei unter anderem die Ereignisse und Entwicklungen politischer, wirtschaftlicher, demografischer, kultureller, geografischer und rechtlicher Natur.[92] Bezogen auf die Generation der Babyboomer umfasst die Sozialisationsphase den Zeitrahmen der 1960er und 1970er Jahre des 20. Jahrhunderts, während sich der Eintritt ins Erwerbsleben hauptsächlich auf die 1970er und 1980er Jahre konzentriert. In diesen Phasen waren der Mauerbau im Jahre 1961, der technische Fortschritt, wachsende Freiheit, steigende Löhne, zunehmende Berufstätigkeit der Frauen, das Abflachen des Wirtschaftswachstums in der zweiten Hälfte der 1960er, die Studentenunruhen im Jahre 1968, die Gleichberechtigungsbewegung, die Ölkrise mit der Folge des Einbruchs von Konjunktur und Arbeitsmarkt sowie inflationären Tendenzen, politische Unruhen und weltweites Kriegsgeschehen in den 80er Jahren von Bedeutung.[93] Im Erwerbsleben trafen die Babyboomer auf deutlich arbeitnehmerfreundlichere Bedingungen als die vorherigen Generationen. Der Arbeitsalltag wurde zunehmend von Mitbestimmung und Teamarbeit geprägt.[94] Die grundsätzlich vorherrschenden Trends zur prägenden Zeit der Babyboomer-Generation lassen sich unter den Stichworten „Demokratisierung, Pluralisierung, Globalisierung, Technologisierung sowie (…) wachsendes Körper- und Umweltbewusstsein"[95] zusammenfassen.

In Unternehmen arbeiten verschiedene Generationen zusammen, aktuell die Babyboomer-Generation sowie die Generation X (Geburtenjahrgänge von 1965 bis 1978) und die Generation Y (Geburtenjahrgänge von 1979 bis 1999).[96] Jede dieser Generationen verknüpft bestimmte positive und negative Stereotypen mit den anderen Generationen, wodurch Auswirkungen auf die Leis-

---

[91] Vgl. Oertel (2014), 41.
[92] Vgl. Oertel (2014), 29.
[93] Vgl. Oertel (2014), 31f.
[94] Vgl. Oertel (2014), 33.
[95] Oertel (2014), 33.
[96] Vgl. Dämon (2011), abgerufen am 05.08.2014.

tung und Zusammenarbeit von Teams zu erwarten sind.[97] Durch unterschiedliche, generationen-bedingte Werte leidet dabei nicht selten die Zielerreichung.[98] Jede Generation verfügt über bestimmte, diese Generation charakterisierende, geteilte Werte. Insbesondere erwachsene Menschen besitzen ein gefestigtes System zentraler Wertevorstellungen. Bestimmend sind hierbei vor allem die im deutschen Grundgesetz verankerten Grundrechte wie z. B. Würde, Gleichheit oder Persönlichkeitsentfaltung. Unabhängig von der Generationen-Zugehörigkeit sind diese Werte für alle Menschen wesentlich und einem Wandel kaum unterworfen. Bei den inhaltlich nachgeordneten Werten entstehen jedoch Differenzen zwischen verschiedenen Generationen.[99] Dies liegt vor allem an der unterschiedlichen Gewichtung der Werte. Werte, die bei den Baby-boomern eine höhere Priorität haben, können in der nachfolgenden Generation an nachgeordneter Stelle stehen.[100] Babyboomer wiesen z. B. einen hohen Berufsbezug auf und begegnen ihrer Arbeit pflichtbewusst. Darüber hinaus bevorzugen sie Beständigkeit und messen der Arbeitsplatz-sicherheit eine hohe Bedeutung bei.[101] Gleichzeitig fühlen sie sich verpflichtet, mit ihrer Arbeit einen positiven Beitrag zur Gesellschaft und dem Umweltschutz zu leisten. Insbesondere Baby-boomer-Frauen messen der Anerkennung ihrer Arbeit eine hohe Bedeutung bei.[102] Ihr Arbeitsstil wird als strukturiert, kooperativ und teamorientiert beschrieben.[103] Letzteres hat bei den Baby-boomern eine besondere Bedeutung, denn sie sind es gewohnt, in Gruppen zu arbeiten, sich mit anderen zu vergleichen und mit ihnen gemeinsam zu handeln oder sich gegen sie durchzusetzen. Insbesondere die Durchsetzung ist eine charakteristische Fähigkeit, die die Babyboomer durch ihr starkes Selbstbewusstsein und häufige Konkurrenzsituationen ausgebildet haben. Dennoch wurde ihr (Erwerbs-) Leben durch die Teamarbeit geprägt und wird auch heute noch als ihre bevorzugte Arbeitsform angesehen. Der Grund hierfür liegt im Sicherheitsbestreben dieser Generation. Im Team kann Unsicherheiten, die sich z. B. durch das Aufbrechen von Strukturen privater, berufli-cher oder politischer Natur ergeben, besser begegnet werden. Andere Altersgruppen bestätigen dieser Generation ihre ausgeprägte Teamorientierung und schätzen sie darüber hinaus für ihr Durchhaltevermögen, ihre gute Selbsteinschätzung sowie ihren Idealismus und beschreiben sie zusätzlich als freundlich, sozial kompetent, zuverlässig und hilfsbereit.[104] Frauen weisen aller-dings einen stärkeren gemeinschaftlichen Bezug auf als Männer, die eher materialistisch geprägt sind. Dies liegt an der unterschiedlichen gesellschaftlichen Sozialisation von Mann und Frau. Einer Studie zufolge ist Frauen der Babyboomer-Generation Erfolg, Macht und Vielseitigkeit

---

[97] Vgl. Oertel (2014), 29.
[98] Vgl. Thom et al. (2012), 82.
[99] Vgl. Oertel (2014), 33f.
[100] Vgl. Lyons et al. (2005), 764.
[101] Vgl. Holste (2012), 19.
[102] Vgl. Hewlett et al. (2009), 73f.
[103] Vgl. Hauke et al. (2008), 59.
[104] Vgl. Oertel (2014), 34f.

wichtiger als Männern, während letztere Traditionen eine größere Bedeutung zuschreiben.[105] Weitere positive Merkmale dieser Generation ergeben sich durch das fortgeschrittene Alter. So werden älteren Arbeitnehmern aufgrund ihrer Erfahrung Effizienz- und Beziehungsvorteile sowie über Jahre angewachsenes Expertenwissen bescheinigt. Des Weiteren erlaubt ihnen ihre Erfahrung einen realistischeren Blick auf die Arbeitswelt, Menschenkenntnis, innere Ruhe und einen guten Umgang mit Stress- und Konfliktsituationen.[106] Das große Erfahrungskontinuum der Babyboomer sowie ihr aufgebautes Beziehungsnetzwerk führen zu Leistungen, die jüngere Arbeitnehmer in dieser Qualität nicht zeigen (können). Die über Jahre ausgebildeten logischen Denkstrukturen, das Argumentationsvermögen sowie die Sprachbeherrschung der Babyboomer-Generation ermöglichen Entscheidungen, die nicht nur fundiert und mit Weitsicht, Realismus sowie entsprechendem Urteilsvermögen gefällt wurden, sondern auch jeglicher persönlicher Betroffenheit entbehren und die Effektivität der Aufgabenbewältigung steigern können.[107] Aufgrund des akkumulierten Wissens, ihres Erfahrungsschatzes und ihrer Reife sind Babyboomer in ihrem Handeln sehr selbstsicher.[108]

Die Generation der Babyboomer weist jedoch auch kritische Eigenschaften auf. Im Rahmen von Diskussionen, beispielsweise bei Teamarbeit, aber auch darüber hinaus, reagieren Babyboomer überempfindlich auf Kritik[109] und sind egozentrisch.[110] Des Weiteren können sich hinsichtlich der Arbeit Schwierigkeiten ergeben, da viele Frauen dieser Generation die Organisation des Privatlebens übernehmen. Diese Doppelbelastung kann die Arbeitsproduktivität schwächen sowie zu häufigen Fehlern führen. Darüber hinaus fühlen sich viele Frauen durch diese Belastung gestresst.[111] Aufgrund des Strebens nach Beständigkeit weisen sie eine geringe Veränderungsbereitschaft auf und können sich nur schwer auf einen radikalen Wechsel von Arbeitsweisen und Handlungsstilen einlassen.[112] Autoritätspersonen gegenüber sind sie misstrauisch und werden im Allgemeinen als unangepasst beschrieben.[113] Dies zeigt sich auch in der Nutzung innovativer Medien und Technik, der die Babyboomer wenig aufgeschlossen gegenüberstehen.[114] Das Berufsleben erfordert diesbezüglich jedoch eine permanente Öffnung von ihnen, um Entscheidungen nachvollziehen und auch treffen zu können. Aufgrund ihres Sicherheitsbestrebens und Misstrauens wird das Konfliktpotenzial

---

[105] Vgl. Lyons et al. (2005), 766, 775.
[106] Vgl. Müller (2013), 465.
[107] Vgl. Oertel (2014), 38.
[108] Vgl. Oertel (2014), 35.
[109] Vgl. Holste (2012), 19.
[110] Vgl. Lyons et al. (2005), 769.
[111] Vgl. Wright (2005), 180.
[112] Vgl. Kast (2014), 234.
[113] Vgl. Lyons et al. (2005), 769.
[114] Vgl. Müller (2013), 465.

innerhalb eines Unternehmens allerdings gefördert.[115] Außerdem nehmen ihre Fröhlichkeit, Lebhaftigkeit sowie Begeisterungsfähigkeit mit zunehmendem Alter ab.[116] Des Weiteren erleben viele jüngere Mitglieder der Babyboomer-Generation noch die Zeit, in der ihre Kinder aufwachsen bzw. einer Ausbildung nachgehen und unterstützen diese finanziell. Daneben übernehmen sie gleichzeitig Verantwortung für ihre Elterngeneration.[117] Der Anteil typischer „Hausfrauenkarrieren" wird zwar aufgrund der Emanzipation seltener,[118] doch jene Frauen, die eine solche Mehrfachbelastung durch Beruf und Familie tragen, verzeichnen Einschränkungen bezüglich ihrer Flexibilität, Zeitautonomie und Mobilität.[119] Trotzdem arbeiten insgesamt 82% der Babyboomer-Frauen noch heute.[120]

Durch eine Erhöhung des Rentenalters und eine Verkürzung von Ausbildungszeiten werden unterschiedliche Generationen um mindestens zehn Jahre länger innerhalb eines Unternehmens zusammenarbeiten als bisher. Dies führt zu einer längeren Parallelität unterschiedlicher Werte- und generellen Vorstellungen bezüglich des Arbeitslebens, wodurch sich zahlreiche Konfliktquellen ergeben.[121] Dies zeigt sich auch hinsichtlich sozialer Dimensionen. So unterscheiden sich Babyboomer von jüngeren Arbeitnehmer-Generationen nicht nur bezüglich ihrer Form der Mediennutzung und ihrer Sozialisationserfahrung, sondern auch hinsichtlich der Tatsache, dass Babyboomer eine langfristige Bindung an ihren Arbeitgeber bevorzugen, wohingegen jüngere Beschäftigte mehr Wert auf Karrieresprünge und Flexibilität legen.[122] Weitere Unterschiede finden sich in der Arbeitsmoral bzw. –einstellung, welche die Babyboomer-Generation bei der Generation X und Y als störend empfindet und kaum nachvollziehen kann, sowie den Arbeits- und Denkweisen, der Kommunikation und den altersbedingten Bedürfnissen einer jeden Generation.[123] Es gibt jedoch nicht nur Differenzen zwischen den Generationen. Insbesondere die Generation Y arbeitet aufgrund verschiedener Überschneidungen, wie z. B. der gemeinsamen Ansicht, dass Geld die falsche Arbeitsmotivation sei, gerne mit Babyboomern zusammen.[124] Die nachfolgende Tabelle gibt einen groben Überblick über die wesentlichen Merkmale der derzeit in Unternehmen zusammenarbeitenden Generationen.

---

[115] Vgl. Tschopp (o. J.), abgerufen am 02.08.2014.
[116] Vgl. Oertel (2014), 35.
[117] Vgl. Hewlett et al. (2009), 74.
[118] Vgl. DGB Bundesvorstand, Abteilung Frauen-, Gleichstellungs- und Familienpolitik (2013), 11.
[119] Vgl. Oertel (2014), 39.
[120] Vgl. Statistisches Bundesamt (2014), abgerufen am 14.08.2014.
[121] Vgl. Klaffke (2014), 201.
[122] Vgl. Müller (2013), 463.
[123] Vgl. Dämon, (2011), abgerufen am 05.08.2014.
[124] Vgl. Hewlett et al. (2009), 74.

	Babyboomer	Generation X	Generation Y
Typ	Abheben von der Masse, Konkurrenzverhalten, Workaholics	Unabhängig, pragmatisch, flexibel, misstrauisch gegenüber Fremden	Hohes Selbstbewusstsein, nicht kritikfähig, flexibel
Medien	Fernseher, Telefon	Fernseher, E-Mail, PC	Web 2.0, Handy, Laptop
Denkweise	Idealistisch	Pessimistisch, lustlos, individualistisch	Pragmatisch, kooperativ
Verhältnis zur Arbeit	Ehrgeizig, aufstrebend, gerechtigkeitsorientiert, stark strukturierter Arbeitsstil,	Prägt den Begriff der "work-life-balance", Arbeit nicht als Selbstzweck,	Ablehnung von Hierarchien, flexibel und ergebnisorientiert, kein Absitzen von Arbeitszeit, Überstunden müssen gut begründet werden, wechselt eher den Job als sich anzupassen,
	Leben, um zu Arbeiten	**Arbeiten, um zu Leben**	**Leben beim Arbeiten**
Motivation	Leistung und Erfolg	Work-life-balance	Optimale Ausbildung, gute Supervision
Verhältnis zur nächsten Generation	Versteht Arbeitsauffassungen der Folgegeneration nicht	Hält Babyboomer für "workaholics" und Generation Y für arrogant und verwöhnt	Hält Generation X für "Jammerlappen" und Babyboomer für "workaholics"

Tab. 2.3: Unterschiede zwischen Babyboomer, Generation X und Generation Y[125]

---

[125] In abgeänderter Form, Schmidt et. al. (2011), 518 sowie unter Hinzunahme von Thom et al. (2012), 83.

3 Untersuchungsrahmen

3.1 Mentales Modell

Nach der Darstellung der theoretischen Grundlagen wird an dieser Stelle das Mentale Modell, das dieser Studie zugrunde liegt, vorgestellt und knapp erläutert.

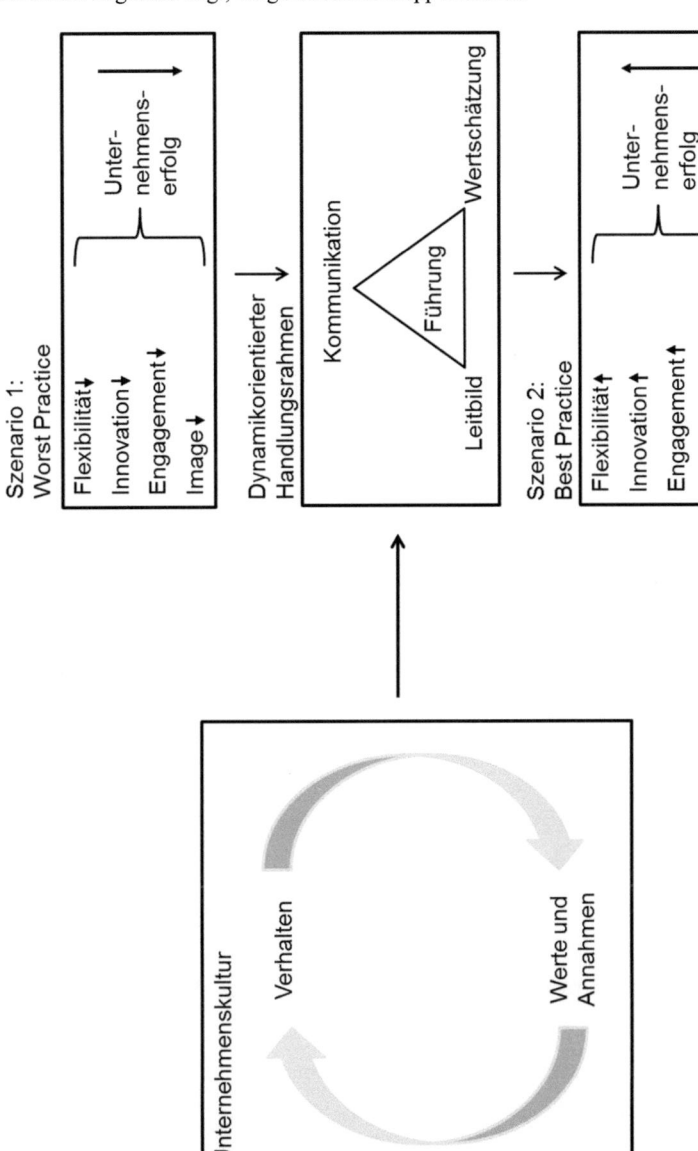

Abb. 3.1: Mentales Modell (eigene Darstellung)

Das Mentale Modell stellt mögliche Extrem-Szenarien dar, die sich durch die Veränderung der Unternehmenskultur aufgrund einer demographischen Rekrutierung für den Unternehmenserfolg ergeben können und zeigt, welche Handlungsansätze Unternehmen haben, um einem möglicherweise schlechten Szenario (Worst Practice) entgegenzuwirken bzw. dieses zu beheben.

Der linke Teil des Mentalen Modells stellt die Unternehmenskultur dar. Dieser greift den Ansatz der Kulturdualität auf, nach dem die Unternehmenskultur das Verhalten der Mitarbeiter beeinflusst, aber auch durch diese beeinflusst wird (vgl. 2.2.2). Durch eine demographieorientierte Rekrutierung können sich daher Veränderungen der Unternehmenskultur ergeben. Diese wiederum nehmen Einfluss auf den Erfolg eines Unternehmens (vgl. 2.2.3).

Die Auswirkungen aufgrund unternehmenskultureller Veränderungen sind in Form von Szenarien in das Mentale Modell integriert. Hierbei wird davon ausgegangen, dass die demographieorientierte Rekrutierung negative Auswirkungen auf den Unternehmenserfolg hat (Worst Practice), aber auch, dass sich positive Auswirkungen für den Erfolg ergeben können (Best Practice). Zwischen den Szenarien ist der Handlungsrahmen eingebettet, da Unternehmen ihre Kultur zumindest teilweise beeinflussen (vgl. 2.2.1) und daher aus einem negativen Szenario idealerweise ein positives formen können, sofern sich dieses nicht von Vornherein ergibt.

Die im Rahmen der Untersuchung, des Modells und für den Unternehmenserfolg relevanten Variablen stützen sich auf die Dimensionen von *Sackmann* (vgl. 2.2.3). Die Lern- und Anpassungsfähigkeit ist im Mentalen Modell unter dem Begriff der Flexibilität integriert. Die Variable der Innovation geht aus der Innovationsfähigkeit und die des Engagements aus der Leistungsorientierung bzw. Leistungsbereitschaft und –fähigkeit hervor. Das Image hingegen ist keine explizit genannte Dimension bei *Sackmann*, jedoch eine bedeutsame Funktion der Unternehmenskultur, da dieses die Abgrenzung zu anderen Unternehmen erlaubt und für die Akquise von Fachkräften bedeutsam ist (vgl. 2.2.4). Die Dimensionen der klaren und kommunizierten Identität (Leitbild, Kommunikation, Führung), der strategischen (Ziel-)Orientierung (Leitbild, Führung), der Nutzung von Mitarbeiterpotenzialen (Leitbild, Wertschätzung, Führung) und der Führung sowie Kommunikation werden im Handlungsrahmen aufgegriffen und in die Untersuchung eingebunden. Nicht explizit aufgegriffen werden hingegen die Dimensionen der Kunden- und Stakeholder-Orientierung, da diese sich bereits in anderen Dimensionen wie der strategischen Orientierung wiederfinden und die übrigen Dimensionen im Rahmen der Untersuchung aufgrund der starken Beeinflussbarkeit von besonderem Interesse sind.

3.2 Methodik

Da die Entwicklung von Zukunftsbildern in der Untersuchung besonders relevant ist, orientiert sich die Methodik der Untersuchung an der Szenario-Technik nach *Reibnitz*. Hierbei werden unterschiedliche, jedoch konsistente Szenarien zukünftiger Entwicklungen entworfen, aus denen sich Konsequenzen für Unternehmen ableiten lassen.[126] Dies geschieht üblicherweise in einem achtstufigen Prozess.

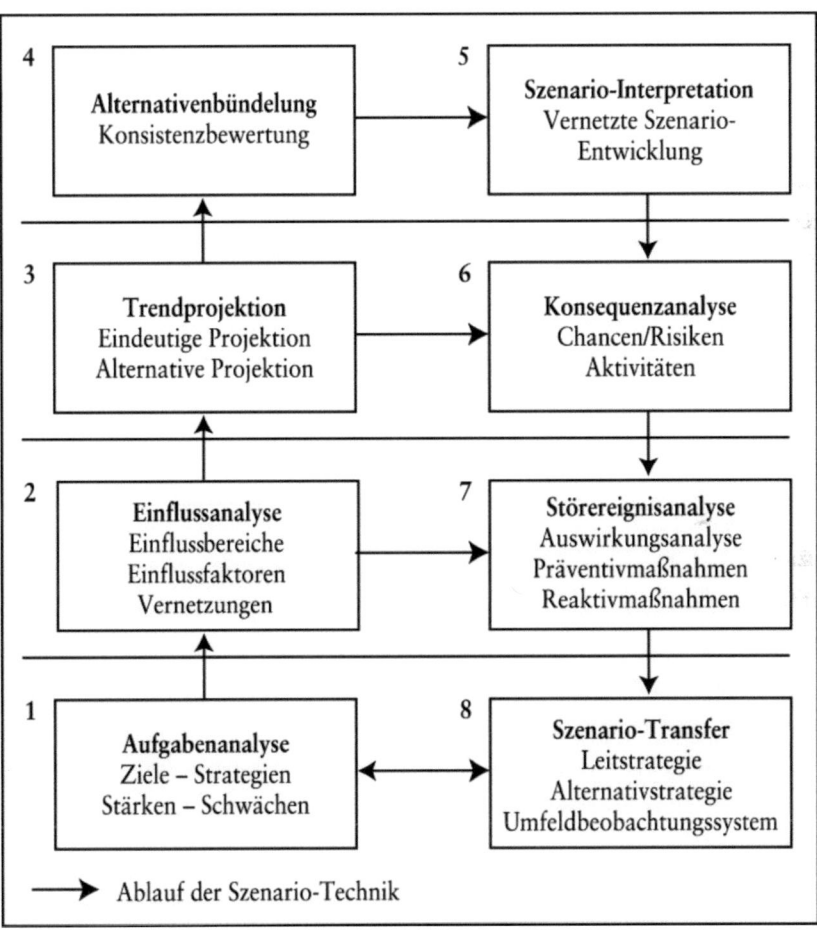

Abb. 3.2: Ablauf der Szenario-Technik[127]

Im ersten Schritt der Szenario-Technik erfolgt eine Analyse des Untersuchungsgegenstandes, wobei ein spezifisches Unternehmen, eine Geschäftseinheit oder beispielsweise eine Produkt-

---

[126] Vgl. Reibnitz (1992), 14.
[127] Reibnitz (1992), 30.

gruppe fokussiert wird.[128] Da in dieser Studie keine Untersuchung eines expliziten Unternehmens erfolgt, wird dieser Schritt ausgelassen. Im Schritt der Einflussanalyse werden die Einflussbereiche, die auf Unternehmen einwirken, festgelegt sowie die Einflussfaktoren ermittelt und vernetzt, um der Systemdynamik des Umfeldes gerecht zu werden.[129] Dieser Schritt ergibt sich aus den vorangegangenen theoretischen Grundlagen, wonach der demographische Wandel, der Fachkräftemangel sowie der Wettbewerb die externen Einflussbereiche darstellen. Im Rahmen der demographieorientierten Rekrutierung und Kulturdualität sind ältere Arbeitnehmerinnen sowie die Unternehmenskultur Einflussfaktoren. Eine Vernetzung dieser Faktoren ergibt sich bereits durch den Ansatz der Kulturdualität sowie durch die Dimensionen von *Sackmann*. Diese im Mentalen Modell verarbeiteten Dimensionen von *Sackmann* stellen die notwendige Grundlage für die Deskriptoren im Schritt der Trendprojektion dar. Diese erlauben eine Beschreibung zukünftiger Entwicklungen, wobei üblicherweise auch weitere mögliche Zukunftsentwicklungen berücksichtigt werden.[130] Eine Berücksichtigung aller Alternativen würde jedoch den Rahmen dieser Studie „sprengen", weshalb lediglich die „Extrem"-Szenarien betrachtet werden. Eine Überprüfung der Konsistenz verschiedener Alternativentwicklungen ist Gegenstand des vierten Schrittes,[131] während die Ausgestaltung der Szenarien im fünften Schritt erfolgt.[132] In dieser Studie wird die Ausgestaltung der Szenarien durch die deduktiv-nomologische Methode unterstützt, um eine Kausalität und damit eine Konsistenz der Szenarien zu sichern.[133] Eine Ableitung möglicher Konsequenzen sowie die Ausgestaltung konkreter Maßnahmen erfolgt im sechsten Schritt. Dieser wird als der wichtigste Szenario-Schritt angesehen, da ein Repertoire an zukunftsorientierten Handlungen entwickelt wird.[134] Im Anschluss daran werden im siebten Schritt dieser Methodik mögliche unvorhergesehene Ereignisse, die ein Unternehmen stark beeinflussen können, gesammelt sowie bewertet und entsprechende Maßnahmen entworfen.[135] Dieser Schritt wird in der Untersuchung jedoch nicht berücksichtigt, da er weit über das Untersuchungsziel hinausgeht. Dasselbe gilt für den achten Schritt, in dem Leit- und eventuelle Alternativstrategien formuliert sowie ein Umfeldbeobachtungssystem etabliert werden sollen.

---

[128] Vgl. Reibnitz (1992), 30.
[129] Vgl. Reibnitz (1992), 32.
[130] Vgl. Reibnitz (1992), 45.
[131] Vgl. Reibnitz (1992), 49.
[132] Vgl. Reibnitz (1992), 53.
[133] Vgl. Raithel (2008), 18.
[134] Vgl. Reibnitz (1992), 56.
[135] Vgl. Reibnitz (1992), 59.

4 Untersuchung

4.1 Szenario 1

4.1.1 Flexibilität

Für den Begriff der Flexibilität existiert eine Fülle von Definitionen. Im Kern wird Flexibilität dabei meist als die Anpassungsfähigkeit an sich ändernde Bedingungen verstanden.[136] Dies ist auch weitgehend das Verständnis der Flexibilität im Zusammenhang mit Unternehmenskulturen, wonach sich Flexibilität in der Lern- und Anpassungsfähigkeit (vgl. 2.2.3) von Unternehmen zeigt.[137] Die Bedeutung dieser Fähigkeiten geht aus den positiven Korrelationen mit dem prozentualen Umsatzwachstum und der Rentabilität eines Unternehmens sowie dem langfristigen Erfolg hervor.[138] Voraussetzung hierfür ist jedoch die Bereitschaft der Mitarbeiter, sich in einem dynamischen Umfeld entsprechend mitzuverändern. Erst dann sind Unternehmen in der Lage zu lernen, sich weiterzuentwickeln und an neue Gegebenheiten anzupassen.[139]

Mangelnde Flexibilität ist jedoch neben der Annahme veralteter Qualifikationen u. a. einer der Gründe dafür, dass ältere Mitarbeiter von Unternehmen nicht bzw. seltener eingestellt werden als junge Mitarbeiter. Im Rahmen von Defizitmodellen wird angenommen, ältere Menschen seien nicht mehr in der Lage ebenso gut zu lernen wie jüngere Menschen. Diese Modelle sind zwar widerlegt, dennoch werden Beschäftigte, die das 50. Lebensjahr überschritten haben, aufgrund niedriger Amortisationsperioden von Trainingsaufwendungen kaum noch an Weiterbildungen beteiligt.[140] Dies zeigt zum einen, dass die Lernfähigkeit der Babyboomer-Generation prinzipiell keine negativen Effekte auf die Flexibilität und damit auf Unternehmenskultur und Unternehmenserfolg hat. Zum anderen deutet die geringe Beteiligung Älterer an Weiterbildungen aber auch darauf hin, dass Unternehmen hinsichtlich ihrer Flexibilität noch Verbesserungsbedarf haben. Der demographische Wandel sowie der Fachkräftemangel sind Herausforderungen, denen Unternehmen nur begegnen können, indem sie ältere Mitarbeiter rekrutieren, halten und in sie investieren, damit ihr Know-How bzw. ihre Qualifikationen wettbewerbsfähig bleiben und zum Unternehmenserfolg beitragen können (vgl. 2.1.2). Bisher fehlt es Unternehmen an der notwendigen Lernfähigkeit, den veränderten Bedarf zu erkennen und entsprechend zu handeln, wie die geringe Rekrutierungsrate Älterer sowie deren mangelnde Beteiligung an Weiterbildungen zeigt. Dies ist jedoch die Vorausset-

---

[136] Vgl. Seidenberg (1989), 35.
[137] Vgl. Poech (2002), 95.
[138] Vgl. Calori et al. (1991), 71.
[139] Vgl. Poech (2002), 95.
[140] Vgl. Eckardstein (2004), 130f.

zung für Anpassungsfähigkeit (vgl. 2.2.3). Unabhängig vom Verhalten älterer Mitarbeiter und speziell älterer Frauen kann Unternehmen in Hinblick auf die demographischen Veränderungen und das dementsprechend erforderliche Verhalten bisher weitestgehend Inflexibilität unterstellt werden.

Basierend auf der Lernfähigkeit ist die Anpassungsfähigkeit bedeutsam für die Flexibilität. Diese erfordert zunächst eine Orientierung am gegebenen Umfeld und schließlich eine entsprechende Veränderung an die Gegebenheiten, um in einer dynamischen Umgebung bestehen zu können (vgl. 2.2.3). Da die Anpassungsfähigkeit eines Unternehmens voraussetzt, dass auch die Beschäftigten bereit sind, sich entsprechend des gegebenen Umfeldes mitzuverändern, kann sich die Rekrutierung älterer Arbeitnehmerinnen als problematisch für den Unternehmenserfolg erweisen. Denn die Generation der Babyboomer weist allgemein eine geringe Veränderungsbereitschaft auf und steht Neuem nicht aufgeschlossen gegenüber. Hinzu kommt, dass es insbesondere Frauen durch die Organisation von Berufs- und Privatleben an Anpassungsfähigkeit mangelt (vgl. 2.3.2). Diese wünschen sich von Unternehmen jedoch Flexibilität hinsichtlich der Arbeitszeitgestaltung.[141] Eine solche Flexibilität, ausgehend vom Unternehmen, würde zwar dazu führen, dass Frauen ihr Berufs- und Privatleben flexibler organisieren könnten, wodurch sich das Gefühl von Stress und einer damit einhergehenden geringeren Arbeitsproduktivität sowie häufigen Fehlern reduzieren ließe,[142] würde jedoch nichts am Problem der geringen Veränderungsbereitschaft ändern. Im Gegensatz dazu empfinden jüngere Mitarbeiter Veränderungen oftmals als normal und begegnen diesen flexibel.[143] Sie sind es gewohnt, sich auf neue Bedingungen einzustellen und stehen Veränderungen und Wandel daher grundsätzlich offener gegenüber als ältere Beschäftigte.[144] Somit agieren in Unternehmen Generationen, die Veränderungen mit einer gegensätzlichen Einstellung begegnen.

Während Generation X und Y flexibel und Neuem gegenüber aufgeschlossen sind, stellen die beständigkeitsorientierten Babyboomer das Gegenteil dar. Diese unterschiedlichen Denk- und Handlungsweisen der jüngeren und älteren Generationen führen zu arbeitsbezogenen Schwierigkeiten. Ein Beispiel hierfür sind moderne Technologien, die Flexibilität und damit Offenheit sowie Anpassungsfähigkeit erfordern.[145] Babyboomer stehen diesen Technologien jedoch nicht aufgeschlossen gegenüber und nutzen andere Mittel zur Verständigung als die Generationen X und Y (vgl. 2.3.2). Diese unterschiedlichen Wege der Kommunikation können zu

---

[141] Vgl. Hewlett et al. (2009), 75.
[142] Vgl. Wright (2005), 180.
[143] Vgl. Schmidt (2004), 76f.
[144] Vgl. Poech (2002), 72.
[145] Vgl. Sackmann et al. (2008), 112.

26

Problemen wie etwa Missverständnissen führen.[146] Problematisch ist dabei insbesondere, dass die Nutzung der Technologien kein freiwilliges, vom Unternehmen selbst initiiertes Handeln ist, sondern die notwendige Anpassung an externe Gegebenheiten, um wettbewerbsfähig zu bleiben. Neben der Einführung und Nutzung neuer Technologien erfordern auch Globalisierung und soziokulturelle Veränderungen ein flexibles Agieren von Unternehmen.[147] Ältere Arbeitnehmerinnen, die wenig angepasst und veränderungsbereit sind, tragen mit ihrer Denk- und Handlungsweise daher zu einer Schwächung der Wettbewerbsposition von Unternehmen bei. Durch ihre Einstellung erschweren sie die Einführung und Nutzung neuer Prozesse. Im schlimmsten Fall blockieren sie diese möglicherweise sogar. Aufgrund ihrer mangelnden Aufgeschlossenheit gegenüber Neuem kann vermutet werden, dass nicht nur notwendige Veränderungen aufgrund von externen Gegebenheiten schwieriger durchzusetzen sind, sondern auch, dass vom Unternehmen selbst ausgehende Veränderungen, d. h. Innovationen, von älteren Frauen nicht gefördert, sondern gehemmt, möglicherweise sogar blockiert werden.

4.1.2 Innovation

Die Innovationsfähigkeit eines Unternehmens ist eng mit dem kulturellen Aspekt der Flexibilität verknüpft,[148] denn flexible Strukturen sind innovationsfördernd und üblicherweise Teil einer spezifischen Unternehmenskultur, die wiederum durch ihre konkrete Ausgestaltung eine positive Wirkung auf die Innovationsfähigkeit haben kann.[149] Im Umkehrschluss bedeutet dies, dass wenig flexible Strukturen bzw. hinsichtlich der Flexibilität nicht gut ausgestaltete Unternehmenskulturen innovationshemmend wirken. Diese sind aufgrund der vielfältigen Herausforderungen wie beispielsweise Globalisierung und neuer Technologien jedoch umso wichtiger, da die Innovationsfähigkeit nachweislich ein bedeutender Kulturfaktor für den Unternehmenserfolg in einem dynamischen Umfeld ist.[150]

Die mangelnde Rekrutierung sowie Weiterbildung älterer Arbeitnehmerinnen deutete bereits auf eine Schwäche der Lern- und Anpassungsfähigkeit und damit auf eine gewisse Inflexibilität von Unternehmen bezüglich der demographischen Entwicklung hin (vgl. 4.1.1). Zudem hemmen ältere Frauen die Flexibilität, da sie selten veränderungsbereit und aufgeschlossen gegenüber Neuem sind (vgl. 2.3.2, 4.1.1). Eine Studie, die das Anpassungspotenzial von Unternehmen im internationalen Vergleich erforschte, kam zu dem Ergebnis, dass Deutsch-

---

[146] Vgl. Schmidt (2004), 76.
[147] Vgl. Sackmann et al. (2008), 112f.
[148] Vgl. Sackmann (2004), 203.
[149] Vgl. Poech (2002), 44.
[150] Vgl. Eberhardt (2013), 11.

land im Bereich der Innovation lediglich 38 von 100 bestmöglichen Punkten erzielt.[151] Dies ist problematisch, da Unternehmen aufgrund des dynamischen Umfeldes nur dann erfolgreich sein können, wenn sie in der Lage sind, sich effizient zu erneuern.[152] Voraussetzung für innovatives Agieren ist jedoch Flexibilität, die wiederum darauf basiert, dass Mitarbeiter lern- und anpassungsfähig sind (vgl. 4.1.1). Dass diese durch die Rekrutierung älterer Arbeitnehmerinnen eingeschränkt sein kann, geht bereits aus Punkt 4.1.1 hervor. Zudem setzt innovatives Handeln voraus, dass Mitarbeiter die Ziele eines Unternehmens verinnerlichen und diese in ihrem Arbeitsalltag umsetzen können.[153] Dass diese jedoch nicht von allen Beschäftigten gleich verinnerlicht werden, liegt an den unterschiedlichen Profilen jüngerer und älterer Mitarbeiter. Es ist zwar so, dass auch innerhalb von Generationen Unterschiede bestehen (vgl. 2.3.2), doch junge Menschen, d. h. die Generation X und Y, sind im Gegensatz zu älteren Menschen weitestgehend als innovativ, flexibel und reaktionsschnell einzustufen.[154] Dies sind Aspekte, die im Rahmen eines dynamischen Umfeldes hohe Bedeutung haben. Die Babyboomer sind den jüngeren Generationen hingegen ein „Dorn im Auge", da sich die jüngeren Generationen durch ältere Beschäftigte „in ihren Möglichkeiten, Innovationen und Veränderungen voran zu treiben eingeschränkt"[155] fühlen. Unter Berücksichtigung eines dynamischen Umfeldes, das flexibles Agieren von Unternehmen erfordert (vgl. 4.1.1), liegt nahe, dass ältere Frauen die Unternehmensziele nur schwer annehmen können.

Prinzipiell kann die Heterogenität der Belegschaft im Rahmen der Zusammenarbeit positiv für den Innovationsprozess sein, sofern diese geschätzt wird.[156] Problematisch ist allerdings, dass Babyboomer und insbesondere die Frauen dieser Generation wenig flexibel sind und Neuem kaum aufgeschlossen gegenüberstehen (vgl. 2.3.2), wodurch sich Konflikte aufgrund unterschiedlicher Einstellungen ergeben. Diese sind bezüglich der Innovationsfähigkeit in einem bestimmten Ausmaß zwar erwünscht und können als Vorteil der Heterogenität angesehen werden, entscheidend ist jedoch, welche Art von Konflikt vorliegt. Während Sachkonflikte erwünscht sind, wirken Ziel- und Wertekonflikte kontraproduktiv, da diese auf unterschiedliche Interpretationen von Aufgabenstellungen bzw. auf unterschiedliche vorherrschende Werte zurückzuführen sind. Die unterschiedlichen Einstellungen der Generationen sowie ihr Umgang mit Neuerungen führen jedoch gerade zu Wertekonflikten.[157] Diese wirken sich negativ auf das Betriebsklima und damit einhergehend auf Kommunikation und Arbeitspro-

---

[151] Vgl. Hülskamp (2008), 101.
[152] Vgl. Sackmann (2004), 204.
[153] Vgl. Poech (2002), 96.
[154] Vgl. Schmidt (2004), 36, 65f.
[155] Kohlbacher (2007), 750.
[156] Vgl. Dimitratos (o. J.), abgerufen am 04.08.2014.
[157] Vgl. Watrinet (2008), 37f.

zesse aus.[158] Problematisch ist dies, da zum einen der Arbeitsalltag erschwert und zum anderen das Betriebsklima verschlechtert wird, welches einen direkten Einfluss auf die Innovationsfähigkeit von Unternehmen hat. Langfristig erfolgreiche Unternehmen fördern ihr Betriebsklima im Rahmen der Innovationsfähigkeit gezielt.[159] Ebenso problematisch wie das verschlechterte Betriebsklima ist, dass durch Wertekonflikte Kommunikations- und Kooperationsbarrieren entstehen, welche die Innovationsfähigkeit diverser Gruppen einschränken.[160] Die Generation der Babyboomer ist zwar prinzipiell kooperativ und teamorientiert, vertritt aber dennoch unterschiedliche Werte als die jüngeren Generationen (vgl. 2.3.2), wodurch eine Verhinderung von Konflikten unwahrscheinlich ist. Grundsätzlich sollen gemischte Gruppen in der Findung von Lösungen allerdings kreativer sein. Dies ist insofern nachvollziehbar, denn „diverse groups have a broader and richer base of experience from which to approach a problem."[161] Weiterhin wird angenommen, heterogene Teams wären flexibler und könnten sich schneller an Veränderungen anpassen.[162] Diese Annahme lässt sich unter Berücksichtigung der Eigenschaften älterer Arbeitnehmer und insbesondere Frauen der Babyboomer-Generation jedoch nicht bestätigen. Wie bereits untersucht wurde, wirken diese aufgrund ihrer spezifischen Eigenschaften flexibilitätshemmend (vgl. 4.1.1). Daneben ist die Kommunikationsfähigkeit innerhalb einer heterogenen Gruppe bedeutsam für deren Effektivität.[163] Aufgrund verschiedener Wertevorstellungen von Generationen kommt es jedoch zu Konflikten, welche die Kommunikation erschweren. Dies ist umso problematischer, da ältere Frauen bzw. ältere Menschen generell andere Medien im Rahmen der Kommunikation nutzen und bereits dadurch Schwierigkeiten innerhalb der Verständigung auftreten, die durch Wertekonflikte zusätzlich verstärkt werden. Es ist zwar so, dass in einem Team, das sich aus älteren und jüngeren sowie aus männlichen und weiblichen Mitarbeitern zusammensetzt, verschiedene Erfahrungen und Einstellungen eingebracht werden, was den Innovations- sowie den vorgelagerten Kreativitätsprozess fördern könnte,[164] auf der anderen Seite stehen dem jedoch unterschiedliche Werte und damit Konflikte gegenüber, die sich vermutlich nur dann lösen lassen, wenn Teammitglieder eine einheitliche Kommunikationsbasis haben und bereit sind, von ihrer Einstellung Abstand zu nehmen bzw. diese in eine für den Innovationsprozess förderliche Richtung ändern. Dies ist jedoch schwierig, da Erwachsene über ein gefestigtes Wertesystem verfügen (vgl. 2.3.2), das sich in Grundannahmen manifestiert, welche nur

---

[158] Vgl. Holzinger (2011), abgerufen am 06.08.2014.
[159] Vgl. Quinn (1985), 77.
[160] Vgl. Watrinet (2008), 34.
[161] Cox (1993), 33.
[162] Vgl. Watrinet (2008), 34.
[163] Vgl. Stumpf et al. (1999), 40.
[164] Vgl. Amabile (1988), 126.

schwer zu ändern sind (vgl. 2.2.1). Weiterhin ist eine Änderung der Einstellung von Frauen der Babyboomer-Generation nicht ohne weiteres zu erwarten, da diese zum einen unangepasst und in ihren Ansichten selbstsicher sind sowie Beständigkeit bevorzugen und radikalen Wandel ablehnen (vgl. 2.3.2). Die Generation X ist dagegen vorrangig lustlos und individualistisch, während die Generation Y zwar kooperationsbereit, jedoch kritikunfähig ist (vgl. 2.3.2), wodurch sich weitere Schwierigkeiten im Rahmen einer Kommunikation ergeben können. Diese Eigenschaften legen die Vermutung nahe, dass eine Lösung von Wertekonflikten ohne weiteres unwahrscheinlich ist. Dies führt, wie beschrieben, zu einem schlechteren Betriebsklima und dadurch zu einer innovationshemmenden Wirkung. Die Annahme einer Hemmung oder schlimmstenfalls einer Blockierung der Innovationsfähigkeit von Unternehmen durch ältere Frauen wird zudem durch ihre negative Wirkung auf die Flexibilität eines Unternehmens (vgl. 4.1.1) sowie durch ihre beschriebenen charakterisierenden Eigenschaften unterstützt. Auch wenn Babyboomer-Frauen nicht direkt in den Innovationsprozess einbezogen werden, kann die Umsetzung von Neuerungen durch ihre ablehnende Haltung erschwert oder möglicherweise sogar blockiert werden.

4.1.3 Engagement

Das Engagement umfasst die Leistungsorientierung bzw. Leistungsbereitschaft und -fähigkeit von Mitarbeitern und Unternehmen (vgl. 3.2). Demnach spiegelt sich das Engagement in einem Mitarbeiterverhalten wider, das selbstinitiiert ist und über die üblichen Leistungen im Rahmen des Arbeitsvertrages hinausgeht (vgl. 2.2.3). Das Mitarbeiterengagement wird u. a. als Hauptnutzen von Unternehmenskulturen angesehen.[165] Die Leistungsbereitschaft und -fähigkeit von Mitarbeitern hilft Unternehmen, in einem komplexen, unsicheren Wettbewerb bestandsfähig zu bleiben. So zeigte eine Studie, dass erfolgreiche Unternehmen über eine höhere Leistungsfähigkeit verfügen als weniger erfolgreiche Unternehmen.[166] Voraussetzung hierfür ist allerdings die Fähigkeit der kritischen Reflexion als Bestandteil der Lernfähigkeit von Unternehmen und Beschäftigten, um Aktionismus und blindes Fortführen von Routinen, die möglicherweise in Krisen münden und damit die Existenz bedrohen können, zu vermeiden.[167] Der von der Unternehmenskultur ausgehende motivationale Charakter entfaltet bei Mitarbeitern jedoch erst dann seine Wirkung, wenn diese die vermittelten Ziele und Perspektiven als sinnvoll interpretieren und sich mit ihnen und dem Unternehmen identifizieren können (vgl. 2.2.4). Identifikation ist hierbei eine spezielle Form der sozialen Identifikation,

---

[165] Vgl. Eberhardt (2013), 6.
[166] Vgl. Van Yperen (2003), 240.
[167] Vgl. Sackmann (2004), 235.

die "the perception of oneness with or belongingness to some human aggregate"[168] darstellt. Hierfür müssen Mitarbeiter in das Unternehmen integriert sein.[169]

Eindeutige Aussagen über die Identifikation älterer Arbeitnehmerinnen mit Unternehmen zu treffen, ist schwierig, da Identifikation vor allem „auf (der) wahrgenommenen Ähnlichkeit und geteilten Überzeugungen zwischen den Mitgliedern der jeweiligen Gruppe"[170] beruht. Allgemein weist die Babyboomer-Generation zwar einen hohen Berufsbezug auf (vgl. 2.3.2), dieser stellt jedoch noch keinen Bezug zum entsprechenden Unternehmen dar. Es ist aus verschiedenen Gründen anzunehmen, dass sich ältere Arbeitnehmerinnen heutzutage nur schwer mit Unternehmen identifizieren können. Unternehmen sind aufgrund des dynamischen Umfeldes gezwungen, flexibel und innovativ zu agieren (vgl. 1.1, 2.1.2, 4.1.1, 4.1.2). Baby-boomer-Frauen sind jedoch in ihrer Flexibilität eingeschränkt und begegnen Veränderungen misstrauisch und unaufgeschlossen (vgl. 2.3.2, 4.1.1, 4.1.2), sodass in dieser Hinsicht nicht von einer stark ausgeprägten Identifikation mit Unternehmen ausgegangen werden kann. Ausnahmen bilden hierbei jedoch möglicherweise Unternehmen, die in Branchen agieren, wo eine häufige Anpassungsfähigkeit nicht notwendig ist. Daneben konzentrieren sich viele Unternehmen im Rahmen ihrer Belegschaftsstruktur auf die Beschäftigung jüngerer und mittelalter Mitarbeiter.[171] Dadurch agieren verstärkt die Generationen X und Y in Unterneh-men, die andere Einstellungen vertreten als die Babyboomer (vgl. 2.3.2). Aufgrund der unterschiedlichen Überzeugungen, die jedoch eine wichtige Rolle im Rahmen der Identifika-tion von Mitarbeitern mit Unternehmen spielen, und der Tatsache, dass die Überzeugungen der Generation X und Y in Unternehmen vorherrschen, liegt nahe, dass sich ältere Frauen aufgrund ihrer Einstellung nur schwer mit Unternehmen identifizieren können.

Neben der Identifikation mit dem Unternehmen ist im Rahmen des Engagements jedoch auch wichtig, dass sich Beschäftigte mit den vermittelten Zielen und Perspektiven identifizieren und diese als sinnvoll erachten. Hierüber Aussagen zu treffen, erweist sich ebenfalls als schwierig, da keine konkreten Ziele und Perspektiven vorliegen. Unter Berücksichtigung des dynamischen Umfeldes von Unternehmen kann vermutet werden, dass es sich um Ziele handelt, die der Sicherung der Wettbewerbsfähigkeit dienen und daher einen flexiblen bzw. innovativen Charakter haben. Da dies nicht der üblichen Charakteristik von älteren Arbeit-nehmerinnen entspricht, ist hierbei auch von einer geringen Identifikation auszugehen. Im Rahmen der Identifikation kann daher angenommen werden, dass die Unternehmenskultur

---

[168] Ashforth et al. (1989), 21.
[169] Vgl. Poech (2002), 54.
[170] Dick (2004), 7.
[171] Vgl. Eckardstein (2004), 130.

ihren motivationalen Charakter bei älteren Frauen nicht entfaltet. Dies erweist sich als problematisch, da ein Leistungsverhalten im Sinne von „Dienst nach Vorschrift" Folge der mangelnden Identifikation sein kann.[172] Die ausschließlich gemäß dem Arbeitsvertrag ausgeführten Leistungen könnten zwar theoretisch zur Sicherung der Bestandsfähigkeit eines Unternehmens beitragen, doch hinsichtlich eines dynamischen Umfeldes, das Flexibilität und Innovationsfähigkeit erfordert, ist diese möglicherweise nicht dauerhaft gegeben.

Im Rahmen der Zusammenarbeit wird die Leistungsfähigkeit bzw. das Engagement von Teams durch die Qualität ihrer Interaktion bestimmt.[173] Hinsichtlich der Kommunikation zwischen der älteren und jüngeren Generation gibt es jedoch bereits aufgrund der unterschied-lichen Mediennutzung Schwierigkeiten (vgl. 2.3.2). Dies ist insofern problematisch, da die Kommunikation für die Identifikation von Bedeutung ist und im Sinne des dualistischen Ansatzes eine Rückkopplung zur Unternehmenskultur aufweist.[174] Weiterhin erschwert wird die Kommunikation durch Wertekonflikte, die im Rahmen des Engagements entstehen, wenn hinsichtlich der Leistungsbereitschaft Differenzen auftreten.[175] Es ist zwar so, dass Babyboo-mer als leistungsorientiert gelten und auch jüngeren Mitarbeitern eine Leistungsorientierung zugeschrieben wird,[176] doch die Babyboomer verstehen die Arbeitsauffassung der Folgegene-rationen nicht, wodurch sich aufgrund von unterschiedlichen Arbeitsstilen Konflikte ergeben können. Diese basieren darauf, dass „Menschen (…) unterschiedliche Einstellungen, Erwar-tungen, Motive und Forderungen in Arbeitssituationen"[177] einbringen. Diese Unterschiedlich-keiten können zu Konflikten führen, die sich möglicherweise negativ auf das Betriebsklima und damit auf die Unternehmenskultur auswirken (vgl. 4.1.2). Da die Babyboomer die Arbeitsauffassungen der Folgegenerationen nicht nachvollziehen können, liegt nahe, dass sie diesen mit Misstrauen und negativen Vorurteilen bezüglich ihres Leistungswillens und ihrer – fähigkeit begegnen. Dies kann in eine sogenannte Selffulfilling Prophecy münden, die dazu führt, dass Mitarbeiter sich auf Dauer so verhalten, wie es gemäß dem Vorurteil befürchtet wurde.[178] Darüber hinaus können Stereotypisierungen zu Konflikten führen und die Kommu-nikation behindern, wodurch es zu einer geringeren Leistung, einer sinkenden Motivation und möglicherweise auch zu (inneren) Kündigungen kommt.[179] Insbesondere die innere Kündi-gung kommt einer Resignation gleich, die als der stärkste Faktor für zurückgehaltene Leis-

---

[172] Vgl. Sackmann (2004), 194.
[173] Vgl. Poech (2002), 71.
[174] Vgl. Friedrich (2010), 14.
[175] Vgl. Watrinet (2008), 37.
[176] Vgl. Schmidt (2004), 36.
[177] Weinert (2004), 133.
[178] Vgl. Lönnies (2010), 336.
[179] Vgl. Watrinet (2008), 39.

tung angesehen wird. [180] Im schlimmsten Fall führt das Verhalten älterer Arbeitnehmerinnen somit dazu, dass jüngere Mitarbeiter ein schwächeres Leistungsverhalten und damit auch eine schwächere Leistung zeigen. Daneben erfahren aber auch ältere Beschäftigte die Konfrontation mit Stereotypen. Sie werden häufig als wenig leistungs- und integrationsfähig angesehen,[181] wodurch es ebenfalls zur Selffulfilling Prophecy kommen kann. Zudem sinkt die Leistungsfähigkeit Älterer generell durch Rollenkonflikte, Angst vor dem Versagen und Fehlern, mangelnden Einfluss bezüglich der Tätigkeit sowie durch eine mangelnde berufliche Entwicklung und fehlende Wertschätzung.[182] Diese Aspekte können im Rahmen des täglichen Arbeitens sowie innerhalb der Zusammenarbeit mit anderen auftreten und zu einer verminderten Leistungsfähigkeit führen, wodurch negativ Auswirkungen auf die Wettbewerbsfähigkeit von Unternehmen wahrscheinlich werden.

Grundsätzlich kann somit zum einen das Engagement älterer Arbeitnehmerinnen durch fehlende Identifikation, Stereotypisierungen sowie Ängste, Konflikte, mangelndes Feedback und Entwicklung sinken und zum anderen das Engagement jüngerer Mitarbeiter durch Vorurteile der Babyboomer eingeschränkt werden. Daraus ergibt sich eine Verschlechterung des Betriebsklimas, das sich wiederum negativ auf die Unternehmenskultur und damit auch auf andere Dimensionen der Kultur, z. B. der Innovationsfähigkeit, auswirkt.

4.1.4 Image

Neben dem Wettbewerbsfaktor gilt die Unternehmenskultur zusätzlich als wichtiger Imagefaktor (vgl. 2.2.4). Unter dem Begriff des Images wird generell eine Vorstellung bzw. ein Bild verstanden, das Einzelne oder Gruppen von einer Person, einer Gruppe oder einer Sache haben.[183] Bezogen auf Unternehmen ist das Image somit das Bild oder die Vorstellung, welche Menschen vom Unternehmen haben bzw. wie Menschen das Unternehmen wahrnehmen. Beeinflusst wird dieses Bild unter anderem durch die wahrgenommenen Aktivitäten sowie die Leistungsfähigkeit eines Unternehmens. Streng genommen haben Unternehmen jedoch mehrere Images, da verschiedene Anspruchsgruppen, z. B. Kunden, Mitarbeiter oder Aktionäre, ein anderes Verhältnis zu Unternehmen haben und diese daher unterschiedlich wahrnehmen.[184] Im Rahmen der Unternehmenskultur und dieser Studie ist von Bedeutung, wie Unternehmen von potenziellen Mitarbeitern wahrgenommen werden, da das Image für die Arbeitgeberattraktivität und diese für das „Anziehen" guter Fachkräfte und damit für die

---

[180] Vgl. Chlopczik et al. (2013), 216.
[181] Vgl. Rosen et al. (1976), 181.
[182] Vgl. Ilmarinen et al., (1991), 138.
[183] Dudenredaktion (2014), 1041.
[184] Vgl. Riordan et al. (1997), 401.

Wettbewerbsfähigkeit eine wichtige Rolle spielt (vgl. 2.2.4). Aber auch aktuell im Unternehmen Beschäftigte sind von Bedeutung, da die Wahrnehmung des Mitarbeiters bezüglich der Unternehmensattraktivität deren Handlungen, wie z. B. Engagement, beeinflusst.[185] Als wichtigster Einflussfaktor des Unternehmens auf ihr Image wird die Kommunikation angesehen.[186] Bestimmende Faktoren der Unternehmensattraktivität sind unter anderem das Betriebsklima, die Innovationsfähigkeit sowie die Anzahl an jungen Menschen in Unternehmen.[187]

Bezüglich des Betriebsklimas wurde bereits im Rahmen der vorangegangenen Aspekte deutlich, dass eine Rekrutierung älterer Arbeitnehmerinnen zu einer Verschlechterung des Klimas führen kann (vgl. 4.1.1, 4.1.2, 4.1.3). Dies mündet nicht selten in einer geringeren Loyalität von Mitarbeitern gegenüber Unternehmen und kann damit aufgrund der nach außen getragenen Unzufriedenheit mit einer Verschlechterung des Images einhergehen.[188] Dies wiederum wirkt sich negativ auf die Unternehmenskultur und insbesondere den Aspekt der Kundenorientierung aus, da der Auftritt von Mitarbeitern nach außen eine beeinflussende Wirkung auf diese hat.[189] Daneben wirkt sich eine Verschlechterung des Images auf die Arbeitgeberattraktivität des Unternehmens aus, sodass ein verschlechtertes Betriebsklima indirekt zu Schwierigkeiten bezüglich der Rekrutierung von Fachkräften führen kann. Zusätzlich kann eine Verschlechterung des Betriebsklimas mit einer geringeren Leistungsfähigkeit von Beschäftigten und damit von Unternehmen einhergehen. (vgl. 4.1.3). Problematisch ist dies, da die Leistungsfähigkeit als wichtiger Aspekt für die Wahrnehmung eines Unternehmens durch potentielle Mitarbeiter angesehen wird.

Die Auswirkungen einer Rekrutierung älterer Arbeitnehmerinnen auf den kulturellen Aspekt der Innovationsfähigkeit wurden bereits in Punkt 4.1.2 diskutiert. Die geringe Veränderungsbereitschaft älterer Frauen, ihre abnehmende Begeisterungsfähigkeit sowie ihre abwehrende Haltung gegenüber Neuartigem und Wandel führen über die negativen Auswirkungen auf die Innovationsfähigkeit zu einer Verschlechterung des Unternehmensimages. Dies ist insofern problematisch, da junge nachwachsende Fachkräfte Veränderungen begrüßen und diesen flexibel begegnen (vgl. 2.3.2). Unternehmen, deren Image sich durch die Innovationsfähigkeit verschlechtert, haben es daher schwer, Fachkräfte zu rekrutieren.

---

[185] Vgl. Riordan et al. (1997), 402.
[186] Vgl. Rolke (2007), 576.
[187] Vgl. Raich (2007), 84.
[188] Vgl. Brauweiler (2010), 88.
[189] Vgl. Baetge et. al. (2007), 207.

Ein weiterer Einflussfaktor auf das Image von Unternehmen ist die Anzahl der jungen Menschen, die in diesen arbeiten. Eine verstärkte demographieorientierte Rekrutierung kann bezüglich dieses Aspektes somit grundsätzlich zu einer Verschlechterung des Images führen. Fraglich ist an dieser Stelle allerdings, welches Alter potenzielle Mitarbeiter als jung bzw. alt kategorisieren, denn aktuell beträgt der Altersdurchschnitt in Unternehmen deutlich mehr als 40 Jahre (vgl. 2.1.2). Dass dieser Aspekt für das Unternehmensimage von Bedeutung ist, lässt sich möglicherweise mit den Stereotypisierungen erklären, die gegenüber älteren Generationen vorherrschen. So wird z. B. häufig angenommen, sie seien weniger leistungsfähig (vgl. 4.1.3), was für das Image eines Unternehmens jedoch von hoher Bedeutung ist.

Direkte Wirkungen durch das Verhalten älterer Arbeitnehmerinnen auf das Image von Unternehmen sind höchstens durch illoyales Verhalten zu erwarten. Indirekt kann eine stark demographieorientierte Rekrutierung durch die Anzahl sowie die Charakteristik älterer Arbeitnehmerinnen jedoch Auswirkungen auf Betriebsklima, Innovationsfähigkeit, Flexibilität und Engagement haben (vgl. 4.1.1, 4.1.2, 4.1.3), wodurch sich zunächst die Unternehmenskultur verschlechtert und ihre Funktion der Akquisition aufgrund eines schlechteren Images als attraktiver Arbeitgeber eingeschränkt wird.

4.1.5 Unternehmenserfolg

Die vorangegangenen Aspekte sind über die Unternehmenskultur mit dem Erfolg eines Unternehmens verknüpft und nehmen zusätzlich Einfluss aufeinander. Die bisherige Untersuchung zeigt, dass eine demographieorientierte Rekrutierung zu Flexibilitätshemmungen führen kann, wodurch der Erfolg eines Unternehmens im dynamischen Umfeld gefährdet wird. Daneben ist die Flexibilität von Unternehmen und Mitarbeitern für den Aspekt der Innovation von Bedeutung. Diese wiederum spielt im Rahmen der Wettbewerbsfähigkeit sowie des Images von Unternehmen eine wichtige Rolle und wird bereits durch die gehemmte Flexibilität eingeschränkt. Weiterhin ist die Leistungsfähigkeit von Mitarbeitern bedeutsam für die Leistungsfähigkeit von Unternehmen sowie für die wahrgenommene Unternehmensattraktivität durch Außenstehende. Hierbei können jedoch Wertekonflikte entstehen, die auf unterschiedlichen Einstellungen der Generationen beruhen. Daraus ergeben sich negative Konsequenzen für das Betriebsklima und somit für die Leistungsfähigkeit von Beschäftigten und Unternehmen. Das verschlechterte Betriebsklima wirkt zusätzlich negativ auf das Image von Unternehmen. Verstärkt wird dies durch vorherrschende Stereotypisierungen sowie Kommunikationsprobleme. Zusammenfassend kann daher an dieser Stelle gesagt werden, dass die Rekrutierung älterer Frauen aufgrund ihrer Charakteristik bzw. ihrer Wertevorstellungen und Grundannahmen im Sinne des dualistischen Kulturansatzes zu einer Verschlechterung unternehmenskultureller Aspekte führen kann. Je stärker ältere Frauen der beschriebenen Charakteristik entsprechen, desto größer ist die Wahrscheinlichkeit, dass sich negative Auswirkungen für die Wettbewerbsfähigkeit und damit für den Erfolg eines Unternehmens ergeben.

4.2 Handlungsrahmen

4.2.1 Unternehmensleitbild

Unternehmensleitbilder enthalten den Kern grundlegender Eigenschaften und Absichten, welche die Einzigartigkeit von Unternehmen wiedergeben.[190] Durch diese Wiedergabe wird die Kultur eines Unternehmens zum Teil sichtbar gemacht, denn Leitbilder enthalten Wertevorstellungen, die neben der Sichtbarmachung und Dokumentation der relevanten Unternehmenswerte auch eine handlungsleitende Funktion durch die „Kodifizierung" erwünschter Verhaltensweisen von Mitarbeitern beinhalten und somit erlauben, Zuwiderhandlungen zu sanktionieren. Meist sind Leitbilder allerdings einseitige Absichtserklärungen der Unternehmensleitung, weshalb sie nicht zwangsläufig den im Unternehmen anerkannten Basiskonsens wiedergeben und für das alltägliche Miteinander ausreichen.[191] Neben der Außendarstellung sowie der handlungsleitenden Funktion haben Leitbilder auch eine strategische, identitätsstiftende und kulturunterstützende Funktion. Diese wirken allerdings nur dann, wenn sich alle Mitarbeiter vom Leitbild angesprochen fühlen.[192] Glaubwürdig sind Unternehmensleitbilder erst, wenn zwischen offizieller und innerer Haltung eine Konsistenz besteht, d. h. die postulierten Werte müssen mit dem gelebten Verhalten übereinstimmen.[193]

Im Rahmen der Heterogenität von Beschäftigten sind Leitbilder durch ihre handlungsleitende und identitätsstiftende Funktion von besonderer Bedeutung. Die spezielle Herausforderung besteht für Unternehmen darin, ein Leitbild zu formulieren, das von allen Mitarbeitern (gleichermaßen) akzeptiert, angenommen und im täglichen Miteinander umgesetzt wird. Darüber hinaus müssen die strategischen Ziele eines Unternehmens in der Formulierung des Leitbildes Berücksichtigung finden.[194] Unternehmen haben die Möglichkeit, über Leitbilder neue Werte einzubringen, wodurch sie Einfluss auf die vorherrschende Kultur nehmen können. Voraussetzung bleibt jedoch, dass das Leitbild von allen Beschäftigten akzeptiert,

---

[190] Vgl. Watrinet (2008), 82.
[191] Vgl. Dill et al. (1997), 165f.
[192] Vgl. Watrinet (2008), 90f.
[193] Vgl. Sackmann (2004), 236.
[194] Vgl. Watrinet (2008), 75.

angenommen und gelebt wird. Um die Akzeptanz eines Leitbildes bei den Beschäftigten zu erreichen und keine einseitige Absichtserklärung zu formulieren, ist es notwendig, Mitarbeiter in den Gestaltungsprozess des Leitbildes zu integrieren und somit sicherzustellen, dass ihre Erwartungen, Vorstellungen und Bedürfnisse Berücksichtigung finden. Dies fördert zudem die Identifikation der Beschäftigten mit dem Leitbild und damit mit dem Unternehmen.[195] Sie sollten jedoch keine für immer geltenden festgeschriebenen Erklärungen sein. Ein verändertes Umfeld erfordert gegebenenfalls die Anpassung des Unternehmensleitbildes, welches über die Verankerung der wesentlichen Werte Einfluss auf den Erfolg eines Unternehmens nehmen kann.[196]

Bezogen auf den Aspekt älterer Arbeitnehmerinnen müssen Leitbilder sicherstellen, dass Altersvielfalt in Unternehmen geschätzt wird und ausdrücklich erwünscht ist. Wichtig ist jedoch, dass es nicht beim bloßen Bekenntnis bleibt, sondern eine Umsetzung im beruflichen Alltag erfolgt.[197] Hierbei sind im Rahmen der Einführung neuer Leitbilder bzw. ihrer Modifikation vor allem die Aspekte der Kommunikation (vgl. 4.2.2) und Führung (vgl. 4.2.4) von Bedeutung. Zum einen muss eine Kommunikation des Leitbilds im Sinne der Sichtbarmachung nach außen erfolgen und zum anderen müssen Leitbilder den Beschäftigten gegenüber kommuniziert werden. Hierbei nehmen Führungskräfte als verbindendes Element zwischen dem postulierten Leitbild und der gelebten Unternehmenskultur eine besondere Rolle ein und können somit auf die Konsistenz zwischen Werten und Verhalten Einfluss nehmen.[198] Gelingt die Umsetzung eines der Zeit vorauseilenden Leitbildes, kann dies zu Wettbewerbsvorsprüngen im Markt führen und damit zum Erfolg eines Unternehmens beitragen.[199]

4.2.2 Kommunikation

Kommunikation gilt in einem konkurrenzorientierten Umfeld als überlebensnotwendig.[200] Zudem spiegelt sie die Kultur im täglichen Miteinander wider,[201] wobei ein gemeinsames Zeichen- und Kommunikationssystem die Grundlage für Verständigung und Verständnis darstellt.[202] Die Kommunikation wird als wechselseitiger Informationsaustausch verstanden, wobei neben dem Aspekt der Information auch Emotionen, Vorstellungen, Meinungen und

---

[195] Vgl. Watrinet et al. (2009), 84f.
[196] Vgl. Humble et al. (1994), 28, 39.
[197] Vgl. Watrinet et al. (2009), 79.
[198] Vgl. Watrinet (2008), 93, 110.
[199] Vgl. Watrinet (2008), 86.
[200] Vgl. Weinert (2004), 684.
[201] Vgl. Est (2010), 151.
[202] Vgl. Sackmann (1992), 161.

Verhalten (mit-) geteilt werden.[203] Die hohe Bedeutung der Kommunikation im Rahmen der Unternehmenskultur spiegelt sich u. a. in ihrer identitätsstiftenden sowie motivierenden Funktion wider. So kann die Kommunikation sowohl neben dem als auch über das Führungsverhalten (vgl. 4.2.4) auf die Identifikation und Motivation von Beschäftigten einwirken, welche wiederum die erbrachte Leistung und somit den Erfolg eines Unternehmens beeinflussen. Zugleich entsteht ein Rückkopplungseffekt, da die Kommunikation auf die vorherrschende Unternehmenskultur Einfluss nimmt.[204] Aufgrund verschiedener unternehmensspezifischer Faktoren wie der Unternehmensgröße oder alltäglichen Kommunikationsdichte gibt es kein „Patentrezept", welches Kommunikations- und Rückkopplungsmaß für einen positiven Effekt auf den Unternehmenserfolg notwendig ist.[205]

Auch im Rahmen der generellen Veränderung von Kultur, die vielschichtig, komplex und zeitintensiv ist, gibt es kein alltagstaugliches „Rezept", welche Maßnahmen zielführend sind. Die Kommunikation wird dabei jedoch als wichtiger Einflussfaktor angesehen, da Menschen ihr Handeln erst ändern, wenn sie vernünftige Gründe haben. Diese müssen jedoch zunächst kommuniziert werden.[206] Im Rahmen der direkten Kommunikation, über die Menschen besonders zügig lernen und ihr Verhalten anpassen können, gibt es sowohl den schriftlichen als auch den mündlichen Weg. Die schriftliche Kommunikation kann z. B. in Form eines Leitbildes erfolgen (vgl. 4.2.1). Bezüglich der mündlichen Kommunikation erhalten soziale Nähe und der wechselseitige Austausch von Informationen eine besondere Bedeutung. Insgesamt wird eine Botschaft jedoch lediglich zu 7 % über Worte vermittelt, während 38 % über die Gesprächsregulierung und die Stimmintonation und 55 % über nonverbale Signale erfolgen.[207] Daneben können auch andere Medien zur Vermittlung von Kultur genutzt werden, denkbar sind u. a. Riten oder Zeremonien. Diese Medien tragen prinzipiell ebenso wie die direkte Kommunikation zur Durchsetzung und Verankerung kultureller Werte bei. Problematisch ist hierbei allerdings, dass symbolische Handlungen interpretationsbedürftig sind und von Mitarbeitern daher unterschiedlich verstanden werden könnten.[208]

Die Herausforderung bezüglich der Kommunikation besteht darin, sowohl jüngere und ältere als auch männliche und weibliche Mitarbeiter gleichermaßen zu erreichen. Mit zunehmendem Alter verändert sich die Kommunikation jedoch. So verfügen ältere Mitarbeiter zwar über eine ausgeprägtere Kommunikationsfähigkeit als jüngere, allerdings bestehen zwischen

---

[203] Vgl. Watrinet (2008), 105.
[204] Vgl. Friedrich (2010), 14.
[205] Vgl. Beile et al. (2009), 240.
[206] Vgl. Eberhardt (2013), 20ff.
[207] Vgl. Watrinet (2008), 109.
[208] Vgl. Dill et al. (1997), 188f.

unterschiedlichen Generationen Verständigungsbarrieren.[209] Diese können Konfliktpotenzial bergen und dazu führen, dass Beschäftigte ihre volle Leistungsfähigkeit nicht abrufen. Daneben wird die Kommunikation von Frauen und Männern unterschiedlich eingesetzt. So kommunizieren Männer, um ihre Unabhängigkeit zu wahren und ihren hierarchischen Status zu behalten, während bei Frauen ein Verhandeln und Nähe sowie Bemühen, Bestätigung und Unterstützung im Vordergrund stehen.[210] Daher ist es im Rahmen der Beschäftigung unterschiedlicher Mitarbeiter von Bedeutung, eine effiziente Kommunikation zu fördern, die von allen gleichermaßen verstanden wird. Hierzu zählt auch, die interpretationsbedürftigen nonverbalen Verhaltensweisen bzw. Zeichen zu beachten und gegebenenfalls zu kontrollieren.[211] Gelingt eine offene, konstruktive Kommunikation zwischen allen Beschäftigten, in der auch Konflikte sachlich diskutiert werden, trägt diese maßgeblich zur Reduktion von Unsicherheit sowie der Förderung des Mitarbeiterpotenzials und damit zum Unternehmenserfolg bei.[212]

4.2.3 Wertschätzung

Der Aspekt der Wertschätzung ist für Beschäftigte und Unternehmen von besonderer Bedeutung. So zeigt sich, dass mangelnde Wertschätzung einer der Gründe dafür sein kann, dass die Leistungsfähigkeit älterer Mitarbeiter abnimmt (vgl. 4.1.3). Auch im Rahmen der Unternehmenskultur und des Unternehmenserfolges werden weiche Faktoren wie Wertschätzung als wichtig erachtet.[213] Eine positive Wertschätzung der Beschäftigten führt zu höherer Motivation, einer stärkeren Bindung der Mitarbeiter an das Unternehmen sowie zur Verbesserung des Images, da Mitarbeiter das Unternehmen als attraktiven Arbeitgeber nach außen kommunizieren.[214] Wichtig ist jedoch, dass Mitarbeiter sowohl eine fachliche als auch eine persönliche Wertschätzung erfahren. Dies bildet die Grundlage für vertrauensvolle Verhältnisse, insbesondere zwischen Mitarbeitern und Führungskräften.[215] Letztere nehmen im Rahmen der Wertschätzung aufgrund des Kontaktes zu den Beschäftigten eine besondere Rolle ein. Auch bezüglich der Wahrnehmung des Unternehmens durch Mitarbeiter ist die Wertschätzung von besonderer Bedeutung, da davon ausgegangen wird, dass die Wahrnehmung eines konkreten Arbeitsaspekts die Gesamtwahrnehmung von Mitarbeitern beeinflusst. Eine positive Wirkung

---

[209] Vgl. Schmidt (2004), 64.
[210] Vgl. Weinert (2004), 685.
[211] Vgl. Schmidt (2004), 64.
[212] Vgl. Sackmann et al. (2008), 116.
[213] Vgl. Beile et al. (2009), 230.
[214] Vgl. Est (2010), 151.
[215] Vgl. Poech (2002), 54.

auf diese Wahrnehmung ist u. a. durch Teamgeist, Kollegialität, Anerkennung und Wert-schätzung von Mitarbeitern gegeben.[216]

Hinsichtlich der verschiedenen Mitarbeitergenerationen sollten die speziellen Stärken wertgeschätzt werden. Bei den Babyboomern ist dies beispielsweise der Erfahrungs- und Wissensschatz.[217] Darüber hinaus ist die Vielfalt der Belegschaft im Rahmen des Managing Diversity von Bedeutung. Dies wird als Instrument zur Steigerung des Unternehmenserfolges durch gezielte Wertschätzung sowie aktive Nutzung der Unterschiedlichkeit verstanden.[218] Eine besondere Herausforderung besteht jedoch darin, dass zwischen Generationen bestimmte Stereotypisierungen vorherrschen, die zur Diskriminierung führen können (vgl. 4.1.3). Alleinige Maßnahmen wie die Verankerung der Wertschätzung im Leitbild reichen jedoch nicht aus, um den Aspekt der Wertschätzung durchzusetzen, da auch die Führungskräfte eine besondere Rolle in diesem Prozess einnehmen (vgl. 4.2.4).[219]

Ziel der Wertschätzung sollte grundsätzlich sein, dass sich innerhalb eines Unternehmens alle Mitarbeiter als Kollegen und Menschen anerkennen und wertschätzen.[220] Neben der erhöhten Motivation, stärkeren Bindung an das Unternehmen und der Verbesserung des Images steigert die Wertschätzung darüber hinaus die Effektivität von Teams und wirkt somit positiv auf Leistungsbereitschaft und Unternehmenserfolg.[221]

4.2.4 Führung

Führungskräften kommt im Rahmen der Modifikation und Vermittlung von Kulturen eine besondere Rolle zu.[222] Gemäß dem dualistischen Ansatz prägen zwar alle Mitarbeiter die Kultur eines Unternehmens, doch Führungskräften wird wegen ihrer Position die größte kulturbeeinflussende Wirkung zugeschrieben. Der Grund hierfür ist, dass Beschäftigte sich am Verhalten ihrer Führungskraft orientieren.[223] Dies gibt Führungskräften die Möglichkeit, erwünschte bzw. gewünschte Verhaltensweisen vorzuleben und somit zum einen als Vorbild und zum anderen als Verstärker dieser zu agieren.[224] Unabhängig davon, ob sie dies wollen oder nicht, kommunizieren Führungskräfte ständig durch ihr Verhalten. Sie können lediglich entscheiden, inwieweit sie dies bewusst tun.[225] Dies ist für die Kulturmodifikation insofern

---

[216] Schulte-Deußen et al. (2013), 120.
[217] Vgl. Lönnies (2010), 339.
[218] Vgl. Schmidt (2004), 19.
[219] Vgl. Schulte-Deußen et al. (2013), 118.
[220] Vgl. Roth et al. (2010), 43.
[221] Vgl. Poech (2002), 95.
[222] Vgl. Tunstall (1983), 17.
[223] Vgl. Sackmann (1990), 175.
[224] Vgl. Eberhardt (2013), 17.
[225] Vgl. Schein (1986), 23.

von Bedeutung, da Mitarbeiter das Handeln von Führungskräften ständig interpretieren und einen Lernprozess durchlaufen, in dem sie ihre Wahrnehmungsfilter und Interpretationsmuster gemäß dem Verhalten der Führungskräfte anpassen.[226] Wichtig ist hierbei jedoch, dass die verbalen und nonverbalen Verhaltensweisen übereinstimmen. Da Menschen besonders über Beobachtung gut lernen, reicht die verbale Kommunikation von Führungskräften alleine nicht aus. Erst im konkreten Verhalten wird die Unternehmenskultur sichtbar und somit für Mitarbeiter glaubwürdig und nachvollziehbar. Ein besonderer Fokus liegt daher auf dem nonverbalen Verhalten, denn dieses ist aufgrund der unbewussten Steuerung authentischer.[227] Somit können Führungskräfte als „Enabler" oder „Disabler" für das Verhalten von Mitarbeitern wirken und darüber hinaus Einfluss auf das Engagement und die Identifikation von Beschäftigten mit dem Unternehmen nehmen.[228]

Im Sinne einer kulturkonformen Führung sind sich Führungskräfte ihrer Vorbildrolle bewusst und verhalten sich entsprechend der gewünschten Unternehmenskultur (vgl. 2.2.3). Hierzu gehört, dass sie sowohl fachlich als auch menschlich ein gutes Beispiel für ihre Mitarbeiter darstellen.[229] Im Rahmen der Weiterentwicklung von grundlegenden Überzeugungen und Annahmen, die im dualistischen Ansatz eine besondere Bedeutung haben, ist die Voraussetzung einer Kulturmodifikation jedoch zunächst die Verinnerlichung der Überzeugungen und Annahmen durch die Führungskraft selbst.[230] Erst dann haben sie die Möglichkeit, einen weitgehenden Konsens über die Grundwerte im Unternehmen zu etablieren.[231] Fehlt diese Verinnerlichung bzw. die Identifikation mit bestimmten Werten, ist das Verhalten der Führungskraft unglaubwürdig und trägt nicht positiv zur gewünschten Unternehmenskultur bei.[232] Als wichtiger Multiplikator einer Kultur müssen sich Führungskräfte zur Vermittlung der Unternehmenskultur daher so verhalten, wie sie es von ihren Mitarbeitern erwarten.[233]

Die Veränderung einer Unternehmenskultur lässt sich nicht erzwingen. Das glaubwürdige Vorleben erwünschter bzw. gewünschter Verhaltensweisen durch die Führungskraft kann jedoch zur erfolgreichen, schrittweisen Modifikation der vorherrschenden Kultur beitragen.[234] Zusätzlich haben Führungskräfte die Möglichkeit und Aufgabe, kulturkonformes Verhalten zu würdigen sowie abweichendes zu sanktionieren.[235] Neben dem kulturkonformen Führungs-

---

[226] Vgl. Daft et al. (1984), 285.
[227] Vgl. Sackmann (2004), 41.
[228] Vgl. Sackmann (2006), 12.
[229] Vgl. Poech (2002), 55.
[230] Vgl. Friedrich (2010), 13.
[231] Vgl. Dierkes (1988), 561.
[232] Vgl. Marré (1997), 108.
[233] Vgl. Eberhardt (2013), 6, 21.
[234] Vgl. Beile et al. (2009), 246.
[235] Vgl. Sackmann (2004), 40.

verhalten rückt zunehmend die partnerschaftliche Führung in den Vordergrund. Mitarbeiter wünschen sich ein partnerschaftliches Führungsverhalten, das ihnen Raum zur Mitwirkung und Mitgestaltung erlaubt. Dies ist insofern bedeutsam, da die Möglichkeit der Partizipation positiv mit der Zufriedenheit und Motivation von Beschäftigten sowie deren Anstrengung und Leistung korreliert. Darüber hinaus werden Vertrauen, Loyalität und Bindung der Mitarbeiter an das Unternehmen gestärkt, wodurch sich insgesamt positive Effekte für den Unternehmenserfolg ergeben können. Fehlen die Möglichkeiten der Partizipation, hat dies einen demotivierenden Effekt für Mitarbeiter.[236] Durch die Einbeziehung und aktive Beteiligung von Beschäftigten werden Veränderungen außerdem mit größerer Wahrscheinlichkeit angenommen und akzeptiert (vgl. 4.2.1).

Bezüglich der unterschiedlichen im Unternehmen agierenden Generationen ist prinzipiell kein spezielles Führungsverhalten notwendig, da die Führung älterer grundsätzlich keine anderen Voraussetzungen hat als die Führung jüngerer. Wichtig ist jedoch, dass Führungskräfte insbesondere in Hinblick auf ältere Arbeitnehmerinnen frei von Vorurteilen handeln. Dies gibt ihnen die Möglichkeit, Stereotypisierungen abzubauen und mehr Respekt unter den Generationen zu schaffen. Voraussetzung hierfür ist jedoch, dass Führungskräfte über die Vorteile älterer Mitarbeiterinnen aufgeklärt werden und sich nicht an Defizitmodellen orientieren. Denkbar ist zusätzlich noch eine altersorientierte Führung, die sich durch das Erfahrungswissen älterer Mitarbeiterinnen beispielsweise in einer starken Partizipation zeigen kann.[237] Dies ist umso wichtiger, da tief verankerte kulturelle Muster bei älteren Mitarbeitern nur schwer zu ändern sind und die Möglichkeit der Partizipation sowohl Widerstände als auch Rückfälle in alte Muster reduzieren kann.[238] Um die Einstellungen, Werte und Perspektiven der Beschäftigten in die gewünschte Richtung zu lenken, ist jedoch grundsätzlich wichtig, dass Führungskräfte überzeugend und glaubwürdig auftreten.[239]

4.3 Szenario 2

4.3.1 Flexibilität

Die Grundproblematiken durch die Rekrutierung älterer Frauen ergeben sich im Rahmen der Flexibilität in Szenario 1 aus der geringen Veränderungsbereitschaft und der damit einhergehenden Ablehnung von Neuem, dem Wunsch nach Beständigkeit und Sicherheit sowie aus der unterschiedlichen Technologienutzung von Generationen (vgl. 4.1.1). Das größte Problem

---

[236] Vgl. Sackmann (2004), 210.
[237] Vgl. Raabe et al. (2003), 144ff.
[238] Vgl. Marré (1997), 201f.
[239] Vgl. Weinert (2004), 14.

zeigt sich darin, dass Neuerungen zu Unsicherheit und Angst führen, wodurch Widerstände der beständigkeits- und sicherheitsorientierten älteren Arbeitnehmerinnen wahrscheinlich werden. Daher sollten änderungsfördernde Kräfte gepflegt und verstärkt bzw. aktiv Maßnahmen gegen Unsicherheit und Angst ergriffen werden.[240] Zudem resultieren ökonomische Schwierigkeiten aufgrund interner Probleme oft aus der mangelnden kulturellen Anpassung von Mitarbeitern.[241]

Da Leitbilder eine handlungsleitende Funktion haben (vgl. 4.2.1), können Unternehmen den Aspekt der Flexibilität gezielt in diesem aufnehmen. Voraussetzung ist jedoch, dass dies unter der Mitwirkung älterer Arbeitnehmerinnen bzw. Arbeitnehmern generell geschieht, denn nur so ist sichergestellt, dass das Leitbild von allen angenommen, akzeptiert und gelebt wird (vgl. 4.2.1). Zudem kann die Einbeziehung älterer Arbeitnehmerinnen ihre Zufriedenheit, Motivation, Anstrengung sowie Leistung steigern, wodurch die Gefahr von Widerständen und Rückfällen sinkt (vgl. 4.2.4). Zusätzlich werden Unsicherheiten durch Transparenz reduziert.

Den Kern der Transparenz bilden Führungskräfte, indem sie notwendige Informationen bereitstellen, den persönlichen Dialog zu älteren Arbeitnehmerinnen suchen und so ein Klima der Offenheit und Transparenz schaffen.[242] Dies gibt älteren Mitarbeiterinnen die Möglichkeit, sich bereits im Vorfeld auf Neuerungen einzustellen und somit ihre Unsicherheit zu reduzieren (vgl. 4.2.1). Von besonderer Bedeutung ist in diesem Rahmen die Kommunikation. Denn eine offene, direkte und konstruktive Verständigung aller Parteien ist eine zentrale Voraussetzung für die Reduktion von Unsicherheit sowie die Maximierung der Mitarbeiterpotenziale (vgl. 4.2.2). Zusätzlich können Führungskräfte Gründe kommunizieren, warum die Änderung des Verhaltens älterer Frauen notwendig ist, wodurch das Verständnis dieser gewonnen werden kann. Weiterhin geben Transparenz und Kommunikation erwünschter Verhaltensweisen die Möglichkeit, unerwünschtes Verhalten zu sanktionieren bzw. erwünschtes zu belohnen (vgl. 4.2.4). Durch das konsequente Sanktionieren alter Verhaltensweisen bzw. die ausdrückliche Anordnung neuer Verhaltensweisen, wird die Aufrechterhaltung bisheriger Prämissen erschwert.[243] Da ältere Arbeitnehmerinnen der Anerkennung ihrer Arbeit eine hohe Bedeutung beimessen (vgl. 2.3.2) und Lob sowie Anerkennung motivierend wirken und ein Sicherheitsgefühl vermitteln,[244] ist anzunehmen, dass das Verhalten älterer Frauen in die für das Unternehmen gewünschte Richtung geändert wird. Wichtig ist jedoch, dass diese Veränderungen ohne den Identitätsverlust dieser Frauen einhergehen, da dies den

---

[240] Vgl. Kobi et al. (1986), 161.
[241] Vgl. Marré (1997), 97f.
[242] Vgl. Poech (2002), 52, 94.
[243] Vgl. Schein (1995), 259.
[244] Vgl. Poech (2002), 94.

Kern der psychologischen Sicherheit ausmacht. Eine Belohnung und Unterstützung der Verhaltensweisen, die sich in die gewünschte Richtung bewegen, tragen zur Aufrechterhaltung dieser Sicherheit bei.[245] Daher nehmen Führungskräfte im Rahmen von Veränderungen eine besonders wichtige Rolle ein.

Die Reduktion von Unsicherheit gehört zum Aufgabengebiet von Führungskräften. Dies kann im Rahmen der kulturkonformen Führung beispielsweise dadurch erreicht werden, dass sie die erwünschten Verhaltensweisen in ihrer Rolle als Kulturvermittler und Vorbild überzeugend und glaubwürdig vorleben (vgl. 4.2.4), da Mitarbeiter durch Beobachtung lernen. Hierbei ist sowohl die nonverbale als auch die verbale Kommunikation von Bedeutung (vgl. 4.2.2). Zudem ist es Aufgabe der Führungskraft, erwünschte Verhaltensweisen anzuerkennen und älteren Mitarbeiterinnen wertschätzend zu begegnen. Dabei dürfen die übrigen Beschäftigten jedoch nicht vernachlässigt werden. Dies stärkt das vertrauensvolle Verhältnis zwischen Führungskraft und den entsprechenden Mitarbeiterinnen (vgl. 4.2.4) und wirkt zusätzlich unterstützend. Neben der Anerkennung erwünschter Verhaltensweisen kann die Wertschätzung zudem in der Partizipation älterer Mitarbeiterinnen im Rahmen von Veränderungen Ausdruck finden (vgl. 4.2.1, 4.2.3). Darüber hinaus wirkt die Beteiligung älterer Frauen an Weiterbildungsmaßnahmen ebenfalls wertschätzend. Diese Beteiligung ist außerdem im Rahmen neuer Technologien bezüglich der Flexibilität von Bedeutung (vgl. 4.1.1).

Bisher werden ältere Arbeitnehmerinnen (und auch Arbeitnehmer) nur unzureichend in Weiterbildungsmaßnahmen eingebunden (vgl. 4.1.1), was dazu führt, dass diese am technologischen Wandel nicht teilhaben.[246] Im Rahmen der Beschäftigung älterer Arbeitnehmerinnen und des dynamischen Umfeldes, das die Nutzung neuer Technologien erfordert, ist dies jedoch zwingend notwendig, um ein weitestgehend flexibles Verhalten aller Mitarbeiter zu erreichen und somit positiv auf den Unternehmenserfolg einzuwirken (vgl. 4.1.1). Diese Maßnahmen sollten jedoch spezifisch auf ältere Mitarbeiterinnen, ihre Lerngewohnheiten und den entsprechenden Bedarf ausgerichtet sein.[247] Berücksichtigen Unternehmen diese Notwendigkeit und nutzen zudem die weiteren möglichen Maßnahmen, wird eine Steigerung der Flexibilität und damit eine gute Grundlage für die Innovationsfähigkeit von Unternehmen wahrscheinlich (vgl. 4.1.2).

---

[245] Vgl. Schein (1995), 232, 261.
[246] Vgl, Günther (2010), 36.
[247] Vgl. Schulte-Deußen et al. (2013), 116.

4.3.2 Innovation

Das größte Problem bezüglich der Innovationsfähigkeit eines Unternehmens durch die Rekrutierung älterer Frauen zeigt sich aufgrund unterschiedlicher Einstellungen der Generationen in entstehenden Wertekonflikten. Diese wirken sich negativ auf das Betriebsklima und Arbeitsprozesse sowie auf die Kommunikation zwischen Generationen aus, wodurch die Innovationsleistung von Teams und damit von Unternehmen eingeschränkt wird. Das primäre Ziel sollte daher die Verhinderung bzw. Auflösung von Wertekonflikten sein.

Im Rahmen von Konflikten ist die Kommunikation von besonderer Bedeutung. Denn für ein geringes Konfliktniveau sowie die Effektivität (von Teams) stellt die gemeinsame Wertebasis einen zentralen Faktor dar. Diese stärkt außerdem den Gruppenzusammenhalt.[248] Sie sollte von Führungskräften vorgelebt und richtiges Verhalten belohnt bzw. unerwünschtes sanktioniert werden (vgl. 4.2.4). Weiterhin sollten Führungskräfte eine effiziente Kommunikation fördern, die von allen Beschäftigten gleich verstanden wird. Ein offenes und konstruktives Kommunikationsklima erlaubt, Konflikte sachlich zu diskutieren und kann zudem Unsicherheiten, die im Rahmen von Neuerungen eine zentrale Rolle spielen, reduzieren sowie das Potenzial von Mitarbeitern, welches für Innovationen bedeutsam ist, fördern (vgl. 4.2.2). Durch einen verständigungsorientierten Austausch sowie durch die ausdrückliche Kommunikation eines gemeinsamen Oberziels wird außerdem die Gefahr verringert, dass Sachkonflikte in Beziehungs- bzw. Wertekonflikte übergehen. Gelingt diese Form der Kommunikation, kann der Kreativitätsvorteil heterogener Gruppen (vgl. 4.1.2) genutzt werden.[249]

Insbesondere die Kreativität ist von Bedeutung, da diese dem Innovationsprozess vorgelagert ist (vgl. 4.1.2). Eine Erhöhung dieser und damit eine positive Wirkung auf die Innovationsfähigkeit kann zum einen durch die Einbeziehung von Mitarbeitern in Gestaltungsprozesse[250] und zum anderen durch die Wertschätzung von Mitarbeitern erreicht werden.[251] Zudem fördert die Wertschätzung die Effektivität von Teams und wirkt sich positiv auf Leistungsbereitschaft und Motivation aus (vgl. 4.2.3). Hierbei sollten Beschäftigte als kreative, innovative Entwicklungsträger angesehen und in Entscheidungsprozesse eingebunden werden.[252] Neben der motivierenden Wirkung sowie der Steigerung der Leistungsbereitschaft (vgl. 4.2.4) wird die Beteiligung von Mitarbeitern an Prozessen als Grundlage für eine positive Wirkung der Unternehmenskultur im Rahmen der Innovationsfähigkeit angesehen.[253] Kulturen, die sich

---

[248] Vgl. Watrinet (2008), 35.
[249] Vgl. Watrinet (2008), 38f.
[250] Vgl. Marré (1997), 102.
[251] Vgl. Watrinet (2008), 94.
[252] Vgl. Watrinet (2008), 96.
[253] Vgl. Beile et al. (2009), 242.

durch eine hohe Mitarbeiterbeteiligung auszeichnen, steigern außerdem ihre Produktivität und haben somit eine positive Wirkung für den Erfolg von Unternehmen.[254]

Die Aus- und Weiterbildung von Beschäftigten stellt ein weiteres wichtiges Kriterium für die Innovationskraft von Unternehmen dar.[255] Damit die Rekrutierung älterer Frauen nicht mit einer eingeschränkten Innovationsfähigkeit einhergeht, muss ihr Potenzial ausreichend ausgeschöpft werden. Dies geschieht beispielsweise durch die zielgerichtete Weiterbildung sowie die anschließende Würdigung der erbrachten Leistung.[256] Werden die Fähigkeiten und Kompetenzen älterer Mitarbeiterinnen erkannt und gefördert, kann dies zu einer offeneren Haltung gegenüber Neuerungen sowie dem aktiven Einbringen von Verbesserungsvorschlägen führen. Letzteres ist insbesondere dann in hohem Maße vorhanden, wenn Führungskräfte ihre Mitarbeiter zu selbstverantwortlichen Handeln ermutigen.[257] Dennoch reichen die Maßnahmen der Aus- und Weiterbildung bzw. die Förderung der Fähigkeiten und Kompetenzen alleine nicht für eine positive Innovationsfähigkeit aus, da diese nicht vor auftretenden Konflikten schützen.

Um eine konstruktive Kultur zu schaffen, die auf Vertrauen basiert, ist es notwendig, Vorurteile gegenüber älteren Arbeitnehmerinnen abzubauen.[258] Dies kann, ebenso wie die Befürwortung innovationsfördernden Handelns, im Leitbild etabliert werden (vgl. 4.2.1). Im Rahmen der Innovationsfähigkeit ist außerdem naheliegend, die Erwünschtheit und Bedeutung der Belegschaftsheterogenität ausdrücklich zu betonen. Wichtig ist jedoch, dass diese Werte auch im Unternehmen gelebt werden, wobei der Führungskraft als Kulturvermittler und Vorbild eine besondere Rolle zukommt (vgl. 4.2.1, 4.2.4). Wenn es gelingt, Vorurteile abzubauen, die Fähigkeiten älterer Arbeitnehmerinnen zu erkennen und zu fördern sowie ein offenes und konstruktives Kommunikationsklima zu schaffen, in dem Konflikte sachlich diskutiert werden, kann die Innovationsfähigkeit von Unternehmen gefördert werden und einen positiven Beitrag zum Erfolg leisten.

4.3.3 Engagement

Die mangelnde Identifikation älterer Arbeitnehmerinnen mit Unternehmen sowie mit deren Zielen erweist sich im Rahmen des ersten Szenarios als besonders problematisch. Daneben können unterschiedliche Arbeitsauffassungen der Generationen zu Wertekonflikten führen,

---

[254] Vgl. O'Toole, (2009), abgerufen am 01.09.2014.
[255] Vgl. Baetge et. al., (2007), 188.
[256] Vgl, Günther (2010), 27.
[257] Vgl. Poech (2002), 96.
[258] Vgl. Beile et al. (2009), 244f.

wodurch die erbrachte Leistung negativ beeinflusst wird. Des Weiteren kann sich das Engagement von Mitarbeitern im Sinne einer Selfulfilling Prophecy durch vorherrschende Stereotypisierungen verringern (vgl. 4.1.3). Da mögliche Maßnahmen bezüglich Wertekonflikten und Stereotypisierungen bereits in Punkt 4.3.2 vorgestellt wurden, liegt der hauptsächliche Fokus zur Steigerung des Engagements in diesem Abschnitt auf der Erhöhung der Identifikation älterer Arbeitnehmerinnen mit Unternehmen sowie deren Zielen.

Das Verständnis sowie das Wissen älterer Mitarbeiterinnen darüber, welchen Beitrag sie zur Erreichung von Zielen geleistet haben, können einen positiven Einfluss auf die Effektivität der Mitarbeiterinnen nehmen und spielen im Rahmen der Identifikation eine wichtige Rolle.[259] Dies kann beispielsweise durch Wertschätzung erreicht werden, denn die ausdrückliche Anerkennung einer erbrachten Leistung nimmt Einfluss auf die Motivation älterer Arbeitnehmerinnen. Zwischen der Leistung selbst sowie der Bewertung besteht ein deutlicher positiver Zusammenhang, d. h. sobald ein Leistungsfeedback erfolgt, wirkt sich dies auf eine Steigerung der Produktivität aus.[260] Zudem kann die Arbeitsfähigkeit und Beschäftigungsdauer älterer Mitarbeiterinnen verlängert werden.[261] Darüber hinaus ist auch eine positive Wirkung für die Leistungsbereitschaft und Effektivität von Teams zu erwarten (vgl. 4.2.3). In diesen ist wiederum die Kommunikation von Bedeutung.

Die Leistungsfähigkeit von Teams wird durch die Qualität ihrer Interaktionen bestimmt (vgl. 4.1.3), denn Kommunikation kann eine identitätsstiftende, motivierende sowie konfliktlösende Wirkung haben, wenn sie angemessen ausgestaltet wird. Zudem ermöglicht sie, vorherrschende Stereotypisierungen abzubauen. Voraussetzung ist jedoch, dass eine effiziente, offene und konstruktive Kommunikation gefördert wird (vgl. 4.2.2). In diesem Zusammenhang sind sowohl das Leitbild eines Unternehmens als auch die vorherrschende Führung bedeutsam.

Im Rahmen der Identifikation nimmt das Leitbild eine besondere Rolle ein, da strategische Ziele Bestandteil dieser sind. Um sicherzustellen, dass Leitbilder von allen Beschäftigten angenommen, akzeptiert und im beruflichen Alltag umgesetzt werden, ist eine Beteiligung dieser bei der Formulierung von Leitbildern notwendig (vgl. 4.2.1). Gelingt dies, kann sich nicht nur eine Steigerung der Identifikation, sondern auch eine Erhöhung der kurz- und mittelfristigen Leistung ergeben.[262]

Daneben kommt Führungskräften eine Schlüsselrolle im Rahmen der Identifikation bzw. des Engagements zu, da sich das Führungsverhalten indirekt auf die Identifikation von Beschäf-

---

[259] Vgl. Boswell (2006), 1504.
[260] Vgl. Poech (2002), 71.
[261] Vgl. Eckardstein (2004), 133.
[262] Vgl. Pittrof (2011), 56.

tigten mit Unternehmen und deren Zielen auswirkt.[263] Diese müssen ein effizientes, offenes und konstruktives Kommunikationsklima fördern, in dem alle Mitarbeiter ein einheitliches Interpretationsverständnis haben. Damit vorherrschende Stereotypisierungen bzw. Vorurteile gegenüber anderen Generationen abgebaut werden, müssen Führungskräfte zunächst selbst ein positives Bild älterer Arbeitnehmerinnen haben und Vielfalt als Vorteil zu schätzen wissen. Indem sie erwünschte Verhaltensweisen vorleben und als Verstärker dieser im Rahmen von Anerkennung und Sanktionierung agieren, können sowohl die Identifikation als auch das Engagement gesteigert werden. Dies ist insbesondere dann anzunehmen, wenn es sich um einen partnerschaftlichen Führungsstil handelt (vgl. 4.2.4). So konnte eine Längsschnittstudie zeigen, dass gutes Führungsverhalten stark mit einer verbesserten Arbeitsfähigkeit älterer Mitarbeiter einhergeht.[264] Hierzu gehört beispielsweise, ältere Arbeitnehmerinnen in ihrer Überzeugung zu stärken, Wesentliches für den Erfolg getan zu haben, was im Sinne der Wertschätzung wiederum positiv auf Identifikation und Leistungsbereitschaft wirkt.[265] Außerdem haben Führungskräfte die Möglichkeit, Beschäftigte mit Erwartungen zu konfrontieren sowie Situationen und Zusammenhänge aufzuzeigen.[266] Dies ist insofern bedeutsam, da Mitarbeiter vernünftige Gründe brauchen, um ihr Handeln zu ändern (vgl. 4.2.2). Gelingt die Stärkung der Identifikation, wirkt sich dies nicht nur positiv auf Leistung und Unternehmenserfolg, sondern auch auf das Image eines Unternehmens aus, da zufriedene Mitarbeiter ihr Unternehmen als attraktiven Arbeitgeber kommunizieren (vgl. 4.1.2).

4.3.4 Image

Problematisch für das Image ist, dass die Rekrutierung älterer Frauen zu einer Verschlechterung des Betriebsklimas führen kann, wodurch illoyales Verhalten begünstigt wird. Zudem geht ein schlechteres Betriebsklima meist mit einer geringeren Leistung einher, die für die Wahrnehmung des Unternehmens jedoch von Bedeutung ist. Dieselbe Problematik ergibt sich bezüglich der Innovationsfähigkeit, welche im Rahmen des Images ebenfalls bedeutsam ist. Zuletzt ist die wahrgenommene Anzahl junger Menschen in Unternehmen für junge, nachwachsende Fachkräfte häufig ein wichtiger Faktor der Arbeitgeberattraktivität, wobei die Vermutung nahe liegt, dass Stereotypisierungen hierbei eine entscheidende Rolle spielen (vgl. 4.1.4). Diese Problematiken wurden bereits weitgehend in den vergangenen Punkten aufgegriffen. Daher folgt in diesem Abschnitt eine Darstellung, wie diese Maßnahmen gezielt zur Verbesserung des Images beitragen können.

[263] Vgl. Friedrich (2010), 14.
[264] Vgl. Ilmarinen et al. (2002), 239.
[265] Vgl. Raabe et al. (2003), 143.
[266] Vgl. Kobi et al. (1986), 167.

Die Außendarstellung eines Unternehmens erfolgt u. a. über das Leitbild (vgl. 4.2.1). Hierbei haben Unternehmen die Möglichkeit, sich als attraktiver Arbeitgeber für alle Mitarbeitergenerationen darzustellen. Aus diesem Grund sollte eine vielfältige Belegschaftsstruktur im Leitbild ausdrücklich erwünscht werden. Um Stereotypisierungen keinen Raum zu geben, wäre zudem denkbar, die Vorteile verschiedener Generationen im Leitbild aufzuzeigen. Hierbei ist jedoch die Glaubwürdigkeit von besonderer Bedeutung. Gelingt es, ein überzeugendes Leitbild zu etablieren, in dem Vielfalt geschätzt wird und in dem Unternehmen auch bewusst die Beschäftigung älterer Arbeitnehmer und Frauen begrüßen, hat dies nicht nur einen positiven Effekt auf das Image, sondern erlaubt Unternehmen auch, sich als attraktiver Arbeitgeber von anderen abzuheben.[267]

Daneben ist es, wie bereits in vorigen Untersuchungspunkten beschrieben, möglich, das Betriebsklima über die interne Kommunikation zu verbessern. Fühlen sich auch ältere Arbeitnehmerinnen im Unternehmen wohl, erhöht dies die Wahrscheinlichkeit, dass sie das Unternehmen als attraktiven Arbeitgeber nach außen kommunizieren. Ergreifen Unternehmen gezielt Maßnahmen zur Förderung der Vielfalt, hat dies ebenfalls eine positive Wirkung für das Unternehmensimage.[268] Ein Beispiel hierfür sind innerbetriebliche Mentorenprogramme, welche sich positiv auf das Arbeitgeberimage auswirken.[269] Weitere günstige Effekte für das Image können über die Loyalität von Mitarbeitern im Rahmen der Führung und Wertschätzung erreicht werden.

Die Wertschätzung selbst hat einen direkten Effekt auf die Loyalität von Mitarbeitern (vgl. 4.2.3). Indirekt wirkt sie über die Kommunikation der Beschäftigten positiv auf das Image. Grundsätzlich wird die Unternehmenskultur als Imagefaktor von Faktoren wie Anerkennung, sozialer Einstellung oder Mitarbeiterbeteiligung bestimmt.[270] Daher sollten die speziellen Stärken jeder Mitarbeitergruppe geschätzt und Vielfalt befürwortet werden. In diesem Zusammenhang sind die Führungskräfte von besonderer Bedeutung. Der Abbau von Vorurteilen sowie das Vorleben und Etablieren von Vielfalt schätzenden Werten ist Aufgabe der Führungskraft. Dies ist insbesondere deshalb wichtig, da davon ausgegangen wird, dass zukünftige Talente „nicht der Gruppe des homogenen Ideals angehören."[271] Eine Verstärkung erwünschter Verhaltensweisen kann über Sanktionen erreicht werden. Prinzipiell ist jedoch eine partnerschaftliche Führung mit Mitarbeiterbeteiligung von Bedeutung, da diese sich nicht nur auf die Leistung, sondern auch auf die Zufriedenheit und Loyalität der Mitarbeiter und

---

[267] Vgl. Lönnies (2010), 330.
[268] Vgl. Scheele (2008), 131.
[269] Vgl. Lönnies (2010), 329.
[270] Vgl. Beile et al. (2009), 245.
[271] Watrinet (2008), 29.

damit auf das Image eines Unternehmens auswirkt (vgl. 4.2.4). Gelingt es Führungskräften, Vielfalt als Wert zu etablieren, hat dies nicht nur einen positiven Effekt für das Unternehmensimage, sondern führt darüber hinaus auch zu einem vorurteils- und konfliktfreien Umgang mit Heterogenität.[272] Hiervon sind wiederum positive Effekte für das Betriebsklima und damit für die Loyalität zu erwarten, woraus sich eine Verbesserung des Images sowie der Position als attraktiver Arbeitgeber ergeben können.

4.3.5 Unternehmenserfolg

Szenario 2 zeigt, dass Unternehmen einer Verschlechterung der Unternehmenskultur aufgrund einer demographieorientierten Rekrutierung mithilfe verschiedener Maßnahmen begegnen können. Besonders wichtig sind dabei die im Handlungsrahmen erläuterten Aspekte bzw. deren angemessene Ausgestaltung. So kann eine erste Maßnahme beispielsweise die konkrete Ausgestaltung des Leitbildes sein, in dem Vielfalt erwünscht und geschätzt sowie Regeln des menschlichen Umgangs verankert werden. Besonders wichtig ist jedoch, dass dies glaubwürdig ist und unter Mitwirkung der Arbeitnehmer geschieht. So ist sichergestellt, dass das Leitbild angenommen, akzeptiert und gelebt wird und kann sich zudem positiv auf die Identifikation und damit auf das Engagement auswirken. Letztere wird außerdem durch die Wertschätzung älterer Arbeitnehmerinnen gefördert. Weitere positive Auswirkungen der Wertschätzung sind Motivation und Zufriedenheit sowie Loyalität, wodurch sich positive Effekte für das Image ergeben, da Unternehmen als attraktive Arbeitgeber nach außen kommuniziert werden. Daneben spielt die Kommunikation eine besondere Rolle, da sie ermöglicht, Wertekonflikte abzubauen, indem beispielsweise gemeinsame Zielvorgaben gemacht werden, die wiederum positiv auf die Identifikation wirken und damit förderlich für Flexibilität und Engagement sind. Wichtig ist jedoch, dass ein offenes, konstruktives Kommunikationsklima herrscht. Dies kann durch Führungskräfte gefördert werden und gibt die Möglichkeit, eine gemeinsame Wertebasis zu schaffen sowie Vorurteile abzubauen, was u. a. positiv für Flexibilität und Engagement ist. Hierbei spielt vor allem das Verhalten von Führungskräften eine Rolle. Diese müssen sich im Sinne einer kulturkonformen Führung selbst so verhalten, wie sie es von Mitarbeitern erwarten und unerwünschte Verhaltensweisen konsequent ausrotten. Daneben hat die partnerschaftliche Führung sowie die Beteiligung von Mitarbeitern eine hohe Bedeutung, da diese positiv auf Identifikation und Engagement wirken. Zusätzlich ist vorteilhaft, wenn spezielle Maßnahmen für ältere Frauen ergriffen werden, beispielsweise in Form adäquater Weiterbildungen. Dies wirkt sich nicht nur auf

---

[272] Vgl. Watrinet (2008), 30.

Wertschätzung, Engagement und Innovationen, sondern auch auf das Image eines Unternehmens positiv aus. Erfolgt eine konkrete Ausgestaltung der genannten Maßnahmen, wirkt dies auf alle betrachteten kulturellen Aspekte und damit insgesamt auf den Erfolg eines Unternehmens positiv.

5 Ergebnisse

5.1 Zusammenfassung der Ergebnisse

Im Rahmen des demographischen Wandels sowie des Fachkräftemangels wird eine demographieorientierte Rekrutierung, die sich an älteren Menschen, insbesondere Frauen, ausrichtet, zunehmend bedeutender. Unternehmen, die verstärkt ältere Frauen rekrutieren, müssen sich aufgrund der speziellen Charakteristik dieser, d. h. deren Werten und Einstellungen, im Sinne des dualistischen Kulturansatzes auf eine Veränderung der Unternehmenskultur einstellen. Aufgrund ihrer hohen Bedeutung für den Unternehmenserfolg sollte diese im Rahmen der Rekrutierung in den Fokus von Unternehmen und Führungskräften rücken.

Durch die Rekrutierung älterer Frauen können sich negative Auswirkungen auf die kulturellen Aspekte der Flexibilität und Innovationsfähigkeit sowie auf Engagement und Image ergeben. Besondere Probleme hinsichtlich der Flexibilität sind von älteren Arbeitnehmerinnen aufgrund ihrer ablehnenden Haltung gegenüber Neuem sowie ihrer ausgeprägten Beständigkeits- und Sicherheitsorientierung häufig zu erwarten. Neuerungen (z. B. technologischer Art), die in der Regel mit Unsicherheiten einhergehen, erfordern die Anpassungsfähigkeit aller Mitarbeiter und provozieren bei älteren Frauen aufgrund ihrer Einstellung Widerstände. Daher kann durch die demographieorientierte Rekrutierung eine Einschränkung, im Extremfall sogar eine Blockierung, der Flexibilität erwartet werden. Diese ist jedoch für die Innovationsfähigkeit von großer Bedeutung. Hierbei ergeben sich durch die Rekrutierung älterer Arbeitnehmerinnen zunächst aufgrund ihrer negativen Auswirkungen auf den kulturellen Aspekt der Flexibilität Probleme. Daneben treten im Rahmen der Innovationsfähigkeit Wertekonflikte auf, die in der unterschiedlichen Einstellung von Generationen begründet sind und die größte Herausforderung für Unternehmen darstellen. Denn Wertekonflikte haben einen negativen Einfluss auf Betriebsklima, Arbeitsprozesse sowie Kommunikation, wodurch die Innovationsleistung von Teams und damit von Unternehmen eingeschränkt wird. Des Weiteren können sich ältere Arbeitnehmerinnen negativ auf den kulturellen Aspekt des Engagements auswirken, wenn nur eine geringe Identifikation mit Unternehmen und deren Zielen vorhanden ist. Daneben erweisen sich auch Stereotypisierungen als problematisch für das Engagement, da sie zum einen in eine Selffulfilling Prophecy oder in eine Resignation münden können, welche als wichtigster Faktor für zurückgehaltene Leistung angesehen wird. Außerdem sind insbesondere beim Aspekt des Engagements Wertekonflikte aufgrund unterschiedlicher Arbeitsauffassungen von Generationen zu erwarten. Diese senken die Leistungsfähigkeit von Unternehmen und wirken sich daher negativ auf den Unternehmenserfolg aus. Darüber hinaus können die negativen Auswirkungen auf Flexibilität, Innovationsfähigkeit und Engagement auch für das Image eines Unternehmens problematisch werden. So kann ein verschlechtertes Betriebsklima beispielsweise zur Illoyalität von Beschäftigten führen, wodurch sich ein negativer Effekt auf das Image ergibt, indem Mitarbeiter ihre Unzufriedenheit nach außen tragen. Daneben führt ein verschlechtertes Betriebsklima zu weniger Leistungsfähigkeit, welche für die Wahrnehmung eines Unternehmens jedoch von wichtiger Bedeutung ist. Dieselbe Konsequenz ist von einer abnehmenden Innovationsfähigkeit zu erwarten. Dies zeigt, dass die kulturellen Aspekte eng miteinander verknüpft sind und die Verschlechterung eines Aspektes mit großer Wahrscheinlichkeit zur Verschlechterung anderer Aspekte beiträgt. Insgesamt können sich durch die Rekrutierung älterer Frauen daher negative Effekte für die Kultur und damit für den Erfolg eines Unternehmens ergeben.

Unternehmen stehen einer verschlechterten Unternehmenskultur jedoch nicht machtlos gegenüber, sondern können zahlreiche Maßnahmen wie die Etablierung eines Leitbildes, Förderung der Kommunikation, gelebte Wertschätzung und adäquate Führung ergreifen, um eine gewünschte Kultur schrittweise umzusetzen. Bezüglich des Leitbildes haben sie die Möglichkeit, neben strategischen Zielen auch die ausdrückliche Erwünschtheit einer Beleg-schaftsvielfalt zu etablieren. Ein glaubwürdiges und überzeugendes Leitbild kann dann zum einen eine positive Wirkung auf das Image und zum anderen eine Förderung der Identifikati-on von Beschäftigten mit Unternehmen und deren Zielen haben. Hieraus ergeben sich darüber hinaus positive Effekte für Flexibilität, Innovation und Engagement. Voraussetzung ist jedoch, dass die Formulierung des Leitbildes unter der Beteiligung von Mitarbeitern ge-schieht, denn nur dann wird dies auch von allen angenommen, akzeptiert und gelebt. Daneben ist die innerbetriebliche Kommunikation von besonderer Bedeutung. Zum einen sind Mitar-beiter in der Lage ihr Verhalten in die gewünschte Richtung zu ändern, wenn ihnen vernünfti-ge Gründe kommuniziert werden, warum ein anderes Verhalten sinnvoller ist und zum anderen kann ein offenes und konstruktives Kommunikationsklima Vorurteile und Stereotypi-sierungen sowie Wertekonflikte abbauen, was insbesondere im Rahmen der Flexibilität, Innovation und des Engagements sowie in zweiter Linie für das Image bedeutend ist. Wichtig ist jedoch, ein gemeinsames Kommunikationssystem zu etablieren, in dem alle Botschaften von Mitarbeitern unterschiedlicher Generationen gleichermaßen verstanden werden. Eine weitere positive Wirkung auf die Unternehmenskultur ist im Rahmen der Wertschätzung zu erwarten. Diese sollte sowohl fachlich als auch menschlich erfolgen. Gelingt dies, führt die Wertschätzung u. a. zu Leistungsbereitschaft, wodurch sich positive Effekte für Engagement und Innovationsfähigkeit ergeben können. Daneben kommunizieren wertgeschätzte Mitarbeiter das Unternehmen als attraktiven Arbeitgeber nach außen, wodurch sich ein positiver Einfluss auf das Image ergibt. Die größte Wirkung auf die Unternehmenskultur ist jedoch im Rahmen der Führung zu erwarten. Zum einen können Führungskräfte die Wertschätzung und Förderung der Kommunikation umsetzen, zum anderen agieren sie im Sinne einer kulturkonformen Führung als Vorbild und Verstärker der gewünschten Unternehmenskultur. Daher sollten sie sich so verhalten, wie sie es von ihren Mitarbeitern im Rahmen der Kultur erwarten und erwünschtes Verhalten belohnen bzw. unerwünschtes sanktionieren. Auf diese Weise kann nicht kulturkonformes Verhalten eliminiert und erwünschtes etabliert werden. Wichtig ist jedoch auch hier die Glaubwürdigkeit und Überzeugungsfähigkeit der Führungskraft. Dies setzt voraus, dass sie sich mit der gewünschten Kultur identifiziert. Zusätzlich hat ein partnerschaftlicher Führungsstil, der Raum zur Mitwirkung und Mitgestaltung gibt, einen positiven Einfluss auf die Unternehmenskultur. Dieser erhöht die Motivation von Beschäftigten und führt zu loyalem Verhalten, welche wiederum für das Image sowie das Engagement von Bedeutung sind. Die Umsetzung einer Maßnahme alleine reicht jedoch nicht für die Modifikation einer Unternehmenskultur aus. Eine Kombination dieser Maßnahmen kann die Unternehmenskultur und damit auch den Erfolg eines Unternehmens erheblich verbessern und schrittweise in die gewünschte Richtung lenken. Wichtig ist allerdings, dass alle Beschäftigte in diesen Prozess einbezogen werden und nicht ausschließlich ältere Arbeitnehmerinnen, da die Kultur im Sinne des dualistischen Ansatzes ein Produkt aller Mitarbeiter ist.

5.2 Limitationen

Aufgrund der Komplexität des Themas Unternehmenskultur konnten in dieser Studie nicht alle mit der Kultur zusammenhängende Aspekte aufgegriffen werden. Aus diesem Grund wurde die Charakteristik der Unternehmenskultur neben den Aspekten des Handlungsrahmens auf Flexibilität, Innovationsfähigkeit, Engagement und Image beschränkt, da eine Beeinflussung dieser durch die Rekrutierung älterer Frauen am ehesten zu erwarten ist. Streng genommen ist das Image allerdings kein kultureller Aspekt, sondern eine Funktion der Unternehmenskultur, die aufgrund ihrer hohen Bedeutung für den Erfolg eines Unternehmens zusätzlich untersucht wurde. Weitere Aspekte, die in dieser Studie nicht näher untersucht wurden, sind beispielsweise die Kunden- oder die balancierte Stakeholderorientierung.

Außerdem konnte in dieser Studie nicht konkret berücksichtigt werden, dass jedes Unternehmen eine individuelle Kultur hat, deren Anforderungen branchenabhängig sind.[273] Dies

---

[273] Vgl. Baetge et. al. (2007), 188.

impliziert, dass die Untersuchung mögliche Auswirkungen einer demographieorientierten Rekrutierung auf die Kultur eines Unternehmens zeigt, jedoch keine definitive Aussage darüber macht, dass die Auswirkungen auch exakt so eintreffen. Inwiefern sich die Rekrutierung älterer Frauen letztlich auf die Unternehmenskultur auswirkt, hängt daher von der bereits vorhandenen Kultur ab. Dasselbe gilt für die zur Verfügung stehenden Maßnahmen. Inwieweit eine Modifikation der Kultur letztlich notwendig ist, zeigt die unternehmensindividuelle Differenz der Ist- und Soll-Kultur.[274] Voraussetzung hierfür ist jedoch die Erfassung der bereits bestehenden Kultur. Auf welche Arten dies erfolgen kann, konnte, abgesehen von den zwölf Dimensionen einer Kultur, ebenfalls nicht näher erläutert werden. Daneben gibt es außerdem starke und schwache Unternehmenskulturen.[275] Da eine starke Unternehmenskultur jedoch kein Garant für den Erfolg eines Unternehmens ist[276] und schwache Kulturen einen geringen Einfluss auf das Verhalten von Mitarbeitern haben,[277] wurde hierauf keine besondere Rücksicht genommen. Im Rahmen einer Komplexitätsreduktion und aufgrund der Nichtbetrachtung einer spezifischen Unternehmenskultur wurde auch auf mögliche Subkulturen nicht näher eingegangen. Ein Auftreten dieser ist außerdem erst mit zunehmender Unternehmensgröße zu erwarten.[278]

Daneben wurde nicht näher darauf eingegangen, wie viele ältere Frauen rekrutiert werden müssten, damit sich merkliche Effekte auf die Unternehmenskultur ergeben. Einzelne können zwar prägend wirken und die Kultur verändern, wodurch sich eine Verselbstständigung dieser ergibt, die dann von einer Gruppe getragen wird,[279] doch fraglich ist, ob eine einzelne Person die vorherrschende Kultur eines Großunternehmens stark verändern und somit auf den Unternehmenserfolg Einfluss nehmen könnte. Es ist viel mehr zu vermuten, dass eine deutliche Kulturveränderung von der Größe des Unternehmens und der dazu in Relation stehenden demographieorientierten Rekrutierung abhängig ist. Einige Unternehmen achten bereits im Rahmen der Rekrutierung darauf, dass potenzielle Mitarbeiter in die Kultur eines Unternehmens passen.[280] Außerdem erfahren rekrutierte Mitarbeiter dann üblicherweise eine Enkulturation, was bedeutet, dass sie in die Kultur eines Unternehmens eingeführt bzw. sozialisiert werden.[281] Dies führt möglicherweise dazu, dass die Auswirkungen einer demographieorientierten Rekrutierung geringer sind als in der Untersuchung beschrieben. Passen

[274] Vgl. Scholz et al. (1990), 69.
[275] Vgl. Steinmann et al. (2013), 664ff.
[276] Vgl. Baetge et. al. (2007), 216.
[277] Vgl. Eberhardt (2013), 10.
[278] Vgl. Pittrof (2011), 21.
[279] Vgl. Kobi et al. (1986), 32.
[280] Vgl. Sackmann (2009), 21.
[281] Vgl. Marré (1997), 74.

Unternehmen und Mitarbeiter in ihrer kulturellen Charakteristik nicht zueinander, kann dies zum Ausscheiden von Mitarbeitern führen.[282] Aufgrund der Tatsache, dass Unternehmen jedoch durch den Fachkräftemangel und ein dynamisches Umfeld besonders auf gute Mitarbeiter angewiesen sind, kann davon ausgegangen werden, dass es nicht immer zur Trennung kommt und eine Veränderung der Kultur wahrscheinlich wird.

Neben den Aspekten der Kultur wurden ältere Frauen in ihrer Charakteristik verallgemeinert dargestellt, obwohl auch innerhalb von Generationen individuelle Unterschiede vorherrschen können. Dies war zur Reduktion der Komplexität notwendig, bedeutet jedoch auch, dass die Effekte auf die Kultur verallgemeinert wurden. Dass das Verhalten einer Person in verschiedenen Situationen sowohl von ihren individuellen kognitiven als auch motivationalen und emotionalen Zuständen abhängig ist,[283] könnte daher keine Berücksichtigung finden.

5.3 Implikationen für die Forschung

Da die Untersuchung in dieser Studie ausschließlich theoriebasiert ist, steht ein empirischer Nachweis noch aus. Das bedeutet für die Forschung, dass zunächst eine Bestandsaufnahme der untersuchten Dimensionen in der vorhandenen Kultur erfolgen muss, bevor dieselbe Bestandsaufnahme nach der Rekrutierung älterer Frauen erfolgt. Dies zeigt die Differenz zwischen der vorherigen sowie der aktuellen Kultur auf. Im nächsten Schritt müssten die beschriebenen Maßnahmen von Unternehmen ergriffen werden, ehe eine weitere Bestandsaufnahme erfolgt. Hieraus könnte zum einen abgeleitet werden, inwieweit eine Kultur von älteren Frauen verändert wird und inwiefern die ergriffenen Maßnahmen zur Verbesserung der veränderten Kultur beitragen. Dies erfordert allerdings eine Langzeitstudie, da die Veränderung einer Kultur zeitintensiv ist. Zudem besteht weiterhin die Problematik, dass jedes Unternehmen eine individuelle Kultur hat. Da es bereits Studien zu den kulturellen Unterschieden erfolgreicher und weniger erfolgreicher Unternehmen gibt,[284] könnte zum einen untersucht werden, inwiefern ältere Frauen die Kultur erfolgreicher und weniger erfolgreicher Unternehmen beeinflussen und zum anderen, ob eine solche Rekrutierung und die anschließend ergriffenen Maßnahmen zu einer besseren Wettbewerbsposition der weniger erfolgreichen Unternehmen beitragen können.

Des Weiteren herrschen innerhalb der Gruppe der älteren Frauen Unterschiede vor. So gibt es beispielsweise Frauen, die kinderlos sind und andere, die aufgrund der Kindererziehung für

---

[282] Vgl. Kobi et al. (1986), 159.
[283] Vgl. Marré (1997), 47.
[284] Vgl. Schulte-Deußen et al. (2013), 105ff.

eine bestimmte Zeit aus dem Arbeitsleben ausgeschieden sind. Hierbei gibt es jedoch auch den Unterschied, dass manche Frauen alleinerziehend waren, während andere in einer „klassischen" Familienkonstellation lebten. Inwiefern sich Frauen durch solch verschiedene Lebensläufe in ihrer Charakteristik unterscheiden, könnte für die Beeinflussung einer Kultur ebenfalls maßgeblich sein und sollte daher zusätzlich näher erforscht werden. Die individuellen Unterschiede zwischen Unternehmenskulturen und den Charakteristiken älterer Frauen stellen die Forschung vor eine große Herausforderung. Es ist jedoch fraglich, ob eine exakte Erforschung der Auswirkungen unter Berücksichtigung aller Unterschiede überhaupt erfolgen und zusätzlich zu definitiven, allgemeinen Aussagen führen kann. Vielmehr ist anzunehmen, dass auch die empirische Forschung auf eine Verallgemeinerung zurückgreifen muss. Dies führt zwar dazu, dass es weiterhin keine allgemeingültigen Aussagen gibt, die auf jedes Unternehmen zutreffen, erlaubt jedoch, eine Einordnung zu tätigen, inwieweit sich Veränderungen durch die Rekrutierung ergeben und inwieweit die beschriebenen Maßnahmen zu einer Veränderung der Kultur führen können.

5.4 Implikationen für die Praxis

Für die unternehmerische Praxis zeigt diese Studie zunächst die Bedeutung der Unternehmenskultur und demographieorientierten Rekrutierung sowie eine allgemeine Charakteristik älterer Frauen und mögliche Generationenkonflikte am Arbeitsplatz auf. Zusätzlich liefert diese Studie generelle Anhaltspunkte über das Verhalten älterer Mitarbeiter. So ist die abnehmende Begeisterungsfähigkeit beispielsweise stärker mit dem Alter als mit dem Geschlecht verknüpft. Daneben werden im ersten Untersuchungsteil mögliche negative Auswirkungen auf die Unternehmenskultur dargestellt, welche die unternehmerische Praxis im Rahmen einer demographieorientierten Rekrutierung erwarten bzw. beachten sollte. Das Wissen um eine solche mögliche Veränderung kann bereits dazu führen, dass die unternehmerische Praxis im Vorfeld Maßnahmen ergreift, die eine Abdriftung der Kultur verhindern. Denkbar ist beispielsweise eine individuelle und intensive Enkulturation oder die bewusste Pflege der Vielfalt im Unternehmen. Aber auch die im Handlungsrahmen genannten Maßnahmen können dazu führen, dass eine Abdriftung der Kultur vermieden wird, beispielsweise wenn Führungskräfte als Vorbild agieren und unerwünschtes Verhalten sanktionieren bzw. positives belohnen. Sollten diese Auswirkungen nicht berücksichtigt bzw. im Vorfeld keine Maßnahmen zur Verhinderung einer Kulturveränderung ergriffen werden, haben Unternehmen noch immer die Möglichkeit, im Rahmen einer Kulturmodifikation auf die beschriebenen Maßnahmen zurückzugreifen. Dies ist jedoch nicht nur zeitintensiv, sondern auch kostenaufwändig, weshalb eine Abdriftung der Kultur bereits im Vorfeld vermieden werden sollte.[285] Hierbei liefert diese Studie auch Anhaltspunkte dafür, wie die Maßnahmen umgesetzt werden können und worauf im Speziellen geachtet werden sollte. Dabei sollte allerdings beachtet werden, dass einzelne Maßnahmen wenig erfolgversprechend sind und daher eine Kombination dieser durchgeführt werden sollte.

5.5 Ausblick

Um dem demographischen Wandel sowie dem Fachkräftemangel begegnen zu können, wäre auch denkbar, die Rekrutierung nicht ausschließlich bzw. gar nicht auf ältere Frauen auszurichten, sondern nachwachsendes Arbeitskräftepotenzial aus dem Ausland einzustellen. Dies würde zum einen die Migration unterstützen, was unter dem Gesichtspunkt der schrumpfenden und alternden Bevölkerung nützlich wäre, und könnte zusätzlich dazu führen, dass der Altersdurchschnitt in Unternehmen gesenkt wird, wodurch positive Effekte auf das Image zu erwarten sind. Hierbei ergeben sich jedoch eine Reihe von Problemen. Zum einen würde dies bedeuten, dass Unternehmen sich wieder verstärkt auf junge Mitarbeiter konzentrieren, wodurch älteres Arbeitskräftepotenzial eine schwierige Position auf dem Arbeitsmarkt hat und zum anderen sind auch hier Veränderungen der Unternehmenskultur zu vermuten. Möglicherweise sind diese sogar massiver als die Veränderungen, die von älteren Frauen ausgehen, da zusätzlich landes- und gesellschaftskulturelle Aspekte eine Rolle spielen. Eine solche Veränderung der Kultur sowie mögliche zur Verfügung stehende Maßnahmen für eine Kulturmodifikation müssten ebenfalls erforscht werden. Erfolgt eine solche empirische Forschung zum einen im Hinblick auf ältere Frauen und zum anderen im Hinblick auf Migranten, könnte dies einen Vergleich erlauben, von welcher Gruppe eine höhere bzw. eine geringere Kulturveränderung zu erwarten ist. Denkbar ist allerdings auch, dem demographischen Wandel und dem Fachkräftemangel mit einer kombinierten Rekrutierung aus beiden Gruppen zu begegnen. Dies könnte eine Abdriftung der Kultur zwar wahrscheinlicher machen, da eine Fülle kultureller Unterschiede ins Unternehmen getragen würde, könnte andererseits jedoch auch zu Vorteilen führen, wenn die Vielfalt unter Berücksichtigung der Unternehmenskultur entsprechend ausgeschöpft wird. Inwiefern hiervon Auswirkungen zu erwarten sind, müsste jedoch ebenfalls empirisch untersucht werden.

---

[285] Vgl. Beile et al. (2009), 232.

Literaturverzeichnis

Allaire, Yvan/Firsirotu, Mihaela, Theories of Organizational Culture, in: Organization Studies 5 (3/1984), 193-226, 194.

Amabile, Teresa, A Model of Creativity and Innovation in Organizations, in: Research in Organizational Behavior 10 (1988), 123-167.

Ashforth, Blake/Mael, Fred, Social Identity Theory and the Organization, in: The Academy of Management Review 14 (1/1989), 20-39.

Bäcker, Gerhard/Naegele, Gerhard/Bispinck, Reinhard/Hofemann, Klaus/Neubauer, Jennifer., Sozialpolitik und soziale Lage Deutschlands, Band 1: Grundlagen, Arbeit, Einkommen und Finanzierung, Wiesbaden (Springer) 5. Aufl. 2010.

Baetge, Jörg/Schewe, Gerhard/Schulz, Roland/ Solmecke, Henrik, Unternehmenskultur und Unternehmenserfolg: Stand der empirischen Forschung und Konsequenzen für die Entwicklung eines Messkonzeptes, in: Journal für Betriebswirtschaft 57 (3-4/2007), 183-219.

Beile, Judith/Wilke, Peter/Voß Eckhard, Erfolgreiche Gestaltung von Unternehmenskultur – welche Instrumente haben sich bewährt und welche Rolle spielt die Beteiligungsorientierung?, in: *Nerdinger, Friedmann/Wilke, Peter (Hrsg.),* Beteiligungsorientierte Unternehmenskultur, Erfolgsfaktoren, Praxisbeispiele und Handlungskonzepte, Wiesbaden (Gabler) 2009, 229-248.

Bellmann, Lutz/Leber, Ute/Gewiese, Tilo, Ältere Arbeitnehmer/innen im Betrieb, Nürnberg (Institut für Arbeitsmarkt- und Berufsforschung), 2006.

Boswell, Wendy, Aligning Employees with the Organization's Strategic Objectives, Out of 'Line of Slight', out of Mind, in: International Journal of Human Resource Management 17 (9/2006), 1489-1511.

Brauweiler, Jana, Retention Management: Rekrutierung und Mitarbeiterbindung im Kontext des demografischen Wandels, in: *Preißing, Dagmar* (Hrsg.), Erfolgreiches Personalmanagement im demographischen Wandel, München (Oldenbourg) 2010, 77-106.

Bruggmann, Michael, Die Erfahrung älterer Mitarbeiter als Ressource, Wiesbaden (Deutscher Universitäts-Verlag) 2000.

Burke, Mary, Generational Differences Survey Report, Alexandria (Society for Human Resource Management) 2004.

Calori, Roland/Sarnin, Philippe, Corporate Culture and Economic Performance, A French Study, in: Organization Studies 12 (1/1991), 49-74, 71.

Chlopczik, Andrea/Ullmann-Jungfer, Gisela, Facetten der Kulturentwicklung in Unternehmen, in: *Eberhardt, Daniela* (Hrsg.), Unternehmenskultur aktiv gestalten, Berlin – Heidelberg (Springer) 2013, 213-218.

Clemens, Wolfgang, Ältere Arbeitnehmerinnen in Deutschland, Erwerbsstrukturen und Zukunftsperspektiven, in: Zeitschrift für Gerontologie und Geriatrie 39 (1/2006), 41-47.

Cox, Taylor, Cultural Diversity in Organisation, Theory, Research and Practice, San Francisco (Berret Koehler Publishers) 1993.

Dämon, Kerstin, Der Generationenkonflikt im Büro, http://www.wiwo.de/erfolg/management/diversity-der-generationenkonflikt-im-buero/6004476.html, 29. Dezember 2011, abgerufen am 05.08.2014.

Daft, Richard/Weick, Karl, Toward a Model of Organizations as Interpretative Systems, in: Academy of Management Review 9 (2/1984), 284-295.

DGB Bundesvorstand, Abteilung Frauen-, Gleichstellungs- und Familienpolitik, Frau geht vor, Eigenständige Existenzsicherung von Frauen, In allen Lebenslagen unverzichtbar, März 2013.

Dick, Rolf van, Commitment und Identifikation mit Organisationen, Göttingen (Hogrefe) 2004.

Dierkes, Meinolf, Unternehmenskultur und Unternehmensführung, Konzeptionelle Ansätze und gesicherte Erkenntnisse, in: Zeitschrift für Betriebswirtschaft 58 (5-6/1988), 554-575.

Dill, Peter/Hügler, Gert, Unternehmenskultur und Führung betriebswirtschaftlicher Organisationen, Ansatzpunkte für ein kulturbewußtes Management, in: *Heinen, Edmund/Fank, Matthias* (Hrsg.), Unternehmenskultur: Perspektiven für Wissenschaft und Praxis, München – Wien (Oldenbourg) 2. Aufl. 1997, 141-210.

Dimitratos, Katerina, Theories of Knowledge Worker Personality, http://leadersjournal.org/index.php?option=com_content&view=article&id=103&Itemid=109, o. J., abgerufen am 04.08.2014.

Dudenredaktion (Hrsg.), Duden, Die deutsche Sprache, Wörterbuch in drei Bänden, Berlin –
Mannheim – Zürich (Dudenverlag) 2014.

Eberhardt, Daniela, Culture matters – aber wie?, Impulse zum Phänomen Organisationskultur, in: *Eberhardt, Daniela*, Unternehmenskultur aktiv gestalten, Berlin-Heidelberg
(Springer) 2013, 5-32.

Eckardstein, Dudo von, Demographische Verschiebungen und ihre Bedeutung für das
Personalmanagement, in: Zeitschrift Führung + Organisation 73 (3/2004), 128-135.

Est, Volker, Personalentwicklung, in: *Bechtel, Peter/Friedrich, Detlef/Kerres, Andrea* (Hrsg.),
Mitarbeitermotivation ist lernbar, Mitarbeiter in Gesundheitseinrichtungen motivieren,
führen, coachen, Berlin – Heidelberg – New York (Springer) 2010, 143-158.

Friedrich, Detlef, Einführung in den Kulturbegriff, in: *Bechtel, Peter/Friedrich, Detlef/Kerres, Andrea* (Hrsg.), Mitarbeitermotivation ist lernbar, Mitarbeiter in Gesundheitseinrichtungen motivieren, führen, coachen, Berlin – Heidelberg – New York
(Springer) 2010, 3-16.

Gartz, Katja, Dranbleiben, http://www.tagesspiegel.de/wirtschaft/dranbleiben/5829006.html,
13.11.2011, abgerufen am 17.07.2014.

Grabner-Kräuter, Sonja, Zum Verhältnis von Unternehmensethik und Unternehmenskultur,
in: Zeitschrift für Wirtschafts- und Unternehmensethik 1 (3/2000), 290-309.

Günther, Tina, Die demographische Entwicklung und ihre Konsequenzen für das Personalmanagement, in: *Preißing, Dagmar* (Hrsg.), Erfolgreiches Personalmanagement im
demographischen Wandel, München (Oldenbourg) 2010, 1-40.

Hauke, Christoph/Ivanova, Flora, Vier Generationen – ein Projekt, in: Personalmagazin
(9/2008), 58-60.

Hettstedt, Norbert, Strategisches Management – Implikationen des demografischen Wandels,
in: *Preißing, Dagmar* (Hrsg.), Erfolgreiches Personalmanagement im demografischen
Wandel, München (Oldenbourg) 2010, 41-60.

Hewlett, Sylvia Ann/Sherbin, Laura/Sumberg, Karen, How Gen Y & Baby Boomers Will
Reshape Your Agenda, in: Harvard Business Review 87 (8/2009), 71-76.

Holste, Jan, Arbeitgeberattraktivität im demographischen Wandel, Eine multidimensionale
Betrachtung, Wiesbaden (Gabler) 2012.

Holzinger, Heidrun, Konfliktlösungen im Unternehmen durch das Personalmanagement, Möglichkeiten und Grenzen, http://www.heidrun-holzinger.de/mediapool/99/997954/data/Konfliktloesungen_im_Unternehmen.pdf, 2011, abgerufen am 06.08.2014.

Huber, Achim, Demographischer Wandel und Personalmanagement, Alter (k)ein Thema für das Personalmanagement? Das Risiko einer Überalterung wird weitgehend ausgeblendet, in: Personalführung (1/1998), 39-43.

Hülskamp, Nicola, Der IW-Demografieindikator, Wie gut ist Deutschland auf den demografischen Wandel vorbereitet?, in: IW-Trends, Vierteljahresschrift zur empirischen Wirtschaftsforschung aus dem Institut der Deutschen Wirtschaft Köln 35 (3/2008), 91-104.

Humble, John/Jackson, David/Thomson, Alan, The Strategic Power of Corporate Values, in: Long Range Planning 27 (6/1994), 28-42.

Ilmarinen, Juhani/Tuomi Kaija/Eskelinen, Leena/Nygard, Clas-Hakan/Huuhtanen, Pekka/Klockars, Matti, Summary and Recommendations of a Project Involving Cross-Sectional and Follow-Up Studies on the Aging Worker in Finnish Municipal Occupations, in: Scandinavian Journal of Work, Environment and Health 17 (1/1991), 135-141.

Ilmarinen, Juhani/Tempel, Jürgen, Arbeitsfähigkeit 2010, Was können wir tun, damit Sie gesund bleiben?, Hamburg (VSA) 2002.

Ilmarinen, Juhani, Älter werdende Arbeitnehmer und Arbeitnehmerinnen, in: *Cranach, Mario von/Schneider, Hans-Dieter/Ulich, Eberhard (* Hrsg.), Ältere Menschen im Unternehmen, Chancen, Risiken, Modelle, Bern – Stuttgart – Wien (Haupt) 2004, 29- 50.

Ilmarinen, Juhani, Towards a Longer Life!, Helsinki (Finnish Institute of Occupational Health) 2005.

Kast, Rudolf, Herausforderung Führung – Führen in der Mehrgenerationengesellschaft, in: *Klaffke, Martin* (Hrsg.), Generationen-Management, Wiesbaden (Gabler) 2014, 227-244.

Klaffke, Martin, Büro der Zukunft – Generationenorientierte Gestaltung von Arbeitswelten, in: *Klaffke, Martin* (Hrsg.), Generationen-Management, Wiesbaden (Gabler) 2014, 205-226.

Klee, Günther/Rosemann, Martin/Strotmann, Harald, Die Gesellschaft altert, die Belegschaften altern mit, Sind die Betriebe auf den demographischen Wandel vorbereitet?, in: Institut für Angewandte Wirtschaftsforschung-Report 32 (1/2004), 139-159.

Kobi, Jean-Marcel/Wüthrich, Hans, Unternehmenskultur erfassen, verstehen und gestalten, Landsberg (Verlag Moderne Industrie) 1986.

Kohlbacher, Florian, Baby Boomer Retirement, Arbeitskräftemangel und Silbermarkt, in: Wirtschaftspolitische Blätter 54 (4/2007), 745-758.

Krell, Gertraude, Managing Diversity: Chancengleichheit als Erfolgsfaktor, in: Personalwirtschaft 26 (4/1999), 26-27.

Lebrenz, Christian/Regnet, Erika, Den Aufschwung meistern, in: Personal (10/2009), 20-22.

Lehr, Ursula, Psychologie des Alterns, Wiebelsheim (Quelle & Meyer Verlag) 9. Aufl. 2000.

Lönnies, Frank, Gelebte und verantwortete Unternehmenskultur – Voraussetzung für erfolgreiches, demografieorientiertes Personalmanagement, in: *Preißing, Dagmar* (Hrsg), Erfolgreiches Personalmanagement im demografischen Wandel, München (Oldenbourg) 2010, 311-350.

Lyons, Sean/Duxbury, Linda/Higgins, Christopher, Are Gender Differences in Basic Human Values a Generational Phenomenon?, in: Sex Roles 53 (9/2005), 763-778.

Marré, Roland, Die Bedeutung der Unternehmenskultur für die Personalentwicklung, Frankfurt am Main (Peter Lang) 1997.

Müller, Axel, Kompetenzträger 50plus – Erwartungen älterer Mitarbeiter, in: *Göke, Michael/Heupel, Thomas* (Hrsg.), Wirtschaftliche Implikationen des demografischen Wandels, Herausforderungen und Lösungsansätze, Wiesbaden (Gabler) 2013, 461-475.

Naegele, Gerhard, Zwischen Arbeit und Rente, Gesellschaftliche Chancen und Risiken älterer Arbeitnehmer, Augsburg (Maro) 1992.

Oertel, Jutta, Baby Boomer und Generation X – Charakteristika der etablierten Arbeitnehmer-Generation, in: *Klaffke, Martin* (Hrsg.), Generationen-Management, Wiesbaden (Gabler) 2014, 27-56.

O'Toole, James, Connecting the Dots between Leadership, Ethics and Corporate Cultur, http://iveybusinessjournal.com/topics/leadership/connecting-the-dots-between-leadership-ethics-and-corporate-culture#.VA8GdWPfh8E, September/Oktober 2009, abgerufen am 01.09.2014.

Parment, Andreas, Die Generation Y – Mitarbeiter der Zukunft, Herausforderungen und Erfolgsfaktor für das Personalmanagement, Wiesbaden (Gabler) 2009.

Pittrof, Matthias, Die Bedeutung der Unternehmenskultur für Hidden Champions, Wiesbaden (Gabler) 2011.

Poech, Angelika, Erfolgsfaktor Unternehmenskultur, Eine empirische Analyse zur Diagnose kultureller Einflussfaktoren auf betriebliche Prozesse, München (Utz) 2002.

Prätorius, Gerhard/Tiebler, Petra, Ökonomische Literatur zum Thema „Unternehmenskultur", Ein Forschungsüberblick, in: *Dierkes, Meinolf/Rosenstiel, Lutz von/Steger, Ulrich* (Hrsg.), Unternehmenskultur in Theorie und Praxis, Konzepte aus Ökonomie, Psychologie und Ethnologie, Frankfurt am Main – New York (Campus) 1993, 23-89.

Quinn, James, Managing Innovation, Controlled Chaos, in: Harvard Business Review 63 (3/1985), 73-84.

Raabe, Babette/Kerschreiter, Rudolf/Frey, Dieter, Führung älterer Mitarbeiter, in: *Badura, Bernhard/Schellschmidt, Henner/ Vetter, Christian*, Fehlzeiten-Report 2002, Berlin – Heidelberg (Springer) 2003, 137-152.

Raich, Margit, Das Schaffen einer Vertrauenskultur als Grundlage für erfolgreiches Unternehmertum, in: *Raich, Margit/Pechlaner, Harald/Hinterhuber, Hans* (Hrsg.), Entrepreneurial Leadership, Wiesbaden (DUV) 2007, 81-93.

Raithel, Jürgen, Quantitative Forschung, Ein Praxiskurs, Wiesbaden (VS Verlag für Sozialwissenschaften) 2. Aufl. 2008.

Reibnitz, Ute von, Szenario-Technik, Instrumente für die unternehmerische und persönliche Erfolgsplanung, Wiesbaden (Gabler) 2. Aufl. 1992.

Riordan, Christine/Gatewood, Robert/Bill, Jodi, Corporate Image, Employees Reactions and Implications for Managing Corporate Social Performance, in: Journal of Business Ethics 16 (4/1997), 401-412.

Rokeach, Milton, The Nature of Human Values, New York (Free Press) 1973.

Rolke, Lothar, Kennzahlen für die Unternehmenskommunikation, in: *Piwinger, Manfred/Zerfass, Ansgar* (Hrsg.), Handbuch Unternehmenskommunikation, Wiesbaden (Gabler) 2007, 575-585.

Rosen, Benson/Jerdee, Thomas, The Natur of Job-Related Age Stereotypes, in: Journal of Applied Psychology 61 (2/1976), 180-183.

Roth, Gerhard/Regnet, Erika/Mühlbauer, Bernd, Organisationskultur und Motivation, in: *Bechtel, Peter/Friedrich, Detlef/Kerres, Andrea* (Hrsg.), Mitarbeitermotivation ist lernbar, Mitarbeiter in Gesundheitseinrichtungen motivieren, führen, coachen, Berlin – Heidelberg – New York (Springer) 2010, 17-48.

Rothlauf, Jürgen, Interkulturelles Management, München (Oldenbourg) 2. Aufl. 2006.

Rump, Jutta/Eilers, Silke, Managing Employability, in: *Rump, Jutta/Sattelberger, Thomas/Fischer, Heinz* (Hrsg.), Employability Management, Grundlagen, Konzepte, Perspektiven, Wiesbaden (Gabler) 2006a, 13-73.

Rump, Jutta/Eilers, Silke, Employability im Zuge des demografischen Wandels, in: *Rump, Jutta/Sattelberger, Thomas/Fischer, Heinz* (Hrsg.), Employability Management, Grundlagen, Konzepte, Perspektiven, Wiesbaden (Gabler) 2006b, 129-148.

Sachverständigenrat, Herausforderungen des demografischen Wandels, Expertise im Auftrag der Bundesregierung, Paderborn (Bonifatius) 2011.

Sackmann, Sonja, Möglichkeiten der Gestaltung von Unternehmenskultur, in: *Lattmann, Charles* (Hrsg.), Die Unternehmenskultur, Ihre Grundlagen und ihre Bedeutung für die Führung der Unternehmung, Heidelberg (Physica-Verlag) 1990, 153-188.

Sackmann, Sonja, ‚Kulturmanagement‘, Läßt sich Unternehmenskultur ‚machen‘?, in: *Sandner, Karl* (Hrsg.), Politische Prozesse in Unternehmen, Heidelberg (Physica) 2. Aufl. 1992, 157-184.

Sackmann, Sonja/Bertelsmann Stiftung, Erfolgsfaktor Unternehmenskultur, Mit kulturbewusstem Management Unternehmensziele erreichen und Identifikation schaffen – 6 Best Practice Beispiele, Wiesbaden (Gabler) 2004.

Sackmann, Sonja, „Betriebsvergleich Unternehmenskultur“, Welche kulturellen Faktoren beeinflussen den Unternehmenserfolg?, Neubiberg (Institut für Personal- und Organisationsforschung) 2006.

Sackmann, Sonja/Horstmann, Birte, Unternehmenskultur und Mitbestimmung, Eine integrative Perspektive, in: *Benthin, Rainer/Brinkmann, Ulrich* (Hrsg.), Unternehmenskultur und Mitbestimmung, Betriebliche Integration zwischen Konsens und Konflikt, Frankfurt (Campus) 2008, 97-120.

Sackmann, Sonja, Möglichkeiten der Erfassung und Entwicklung von Unternehmenskultur, in: *Badura, Bernhard/Schröder, Helmut/ Vetter, Christian* (Hrsg.), Fehlzeiten-Report 2008, Berlin – Heidelberg (Springer) 2009, 15-22.

Scheele, Alexandra, Organisation und Geschlechterkultur, Ist Diversity Management ein geeignetes Instrument zur Realisierung betrieblicher Gleichstellung?, in: *Benthin, Rainer/Brinkmann, Ulrich* (Hrsg.), Unternehmenskultur und Mitbestimmung, Betriebliche Integration zwischen Konsens und Konflikt, Frankfurt (Campus) 2008, 121-146.

Schein, Edgar, Organizational Culture, A Dynamic Model, Sloan School of Management, Working Paper, 1983.

Schein, Edgar, Wie Führungskräfte Kultur prägen und vermitteln, in: GDI-Impuls (2/1986), 23-36.

Schein, Edgar, Unternehmenskultur, Ein Handbuch für Führungskräfte, Frankfurt am Main-New York (Campus) 1995.

Schmidt, Viviane, Diversity Dimension Alter, Der demographische Wandel als Erfolgsfaktor für das Personalmanagement, Düsseldorf (VDM) 2004.

Schmidt, Christian/Möller, Joachim/Schmidt, Karsten/Gerbershagen, Marc/Wappler, Frank/Limmroth, Volker/Padosch, Stephan/Bauer, Michel, Generation Y, Rekrutierung, Entwicklung und Bindung, in: Der Anästhesist 60 (6/2011), 517-524, 518.

Scholz, Christian/Hofbauer, Wolfgang, Organisationskultur, Die vier Erfolgsprinzipien, Wiesbaden (Gabler) 1990.

Scholz, Christian, Personalmanagement, Informationsorientierte und verhaltenstheoretische Grundlagen, München (Vahlen) 6. Aufl. 2014.

Schulte-Deußen, Karsten/Klein, Katharina/Maas, Mathias, Mitarbeiterbefragung – was dann?, Handlungsfelder, die dazu beitragen, eine mitarbeiterorientierte Unternehmenskultur zu entwickeln, in: *Domsch, Michel/Ladwig, Désirée* (Hrsg.), Handbuch Mitarbeiterbefragung, Berlin – Heidelberg (Springer) 3. Aufl. 2013, 105-124.

Seidenberg, Ulrich, Auslöseinformationen im organisatorischen Gestaltungsprozeß, Voraussetzungen einer flexiblen Organisation, Frankfurt am Main etc. (Peter Lang) 1989.

Sporket, Mirko, Organisationen im demographischen Wandel, Alternsmanagement in der betrieblichen Praxis, Wiesbaden (Springer) 2011.

Statistisches Bundesamt, 86% der Babyboomer sind erwerbstätig, https://www.destatis.de/DE/ZahlenFakten/ImFokus/Arbeitsmarkt/BabyboomerBerufsl eben.html, 07.08.2014, abgerufen am 14.08.2014.

Statistisches Bundesamt, Bevölkerung Deutschlands bis 2050, 11. koordinierte Bevölkerungsvorausberechnung, Wiesbaden (Statistisches Bundesamt) 2006.

Statistisches Bundesamt, 12. koordinierte Bevölkerungsvorausberechnung, https://www.destatis.de/bevoelkerungspyramide/, o. J., abgerufen am 15.07.2014.

Steinmann, Horst/Schreyögg, Georg/Koch, Jochen, Management, Grundlagen der Unternehmensführung, Konzepte – Funktionen – Fallstudien, Wiesbaden (Gabler) 7. Aufl. 2013.

Stumpf, Siegfried/Thomas, Alexander, Management von Heterogenität und Homogenität in Gruppen, in: Personalführung 32 (5/1999), 36-44.

Thom, Norbert/Hubschmid, Elena, Intergenerationeller Wissenstransfer, Besonderheiten jüngerer und älterer Mitarbeitenden, in: *Perrig-Chielo, Pasqualina/Dubach, Martina*, Brüchiger Generationenkitt?, Generationenbeziehungen im Umbau, Zürich (vdf Hochschulverlag AG an der ETH Zürich) 2012, 81-94.

Tschopp, Sandy, Gemeinsamen Takt finden, http://epaper3.tagesanzeiger.ch/ee/alpha/_main_/2009/06/20/004/article/4, o. J., abgerufen am 02.08.2014.

Tunstall, Brooke, Cultural Transition at AT & T, in: Sloan Management Review 25 (1/1983), 15-29.

Unterreitmeier, Andreas/Schwinghammer, Florian, Die Operationalisierung von Unternehmenskultur, Validierung eines Messinstrumentes, http://www.imm.bwl.uni-muenchen.de/forschung/schriftenefo/ap_efoplan_18.pdf, 2004, abgerufen am 19.07.2014.

Van Yperen, Nico, The Perceived Profile of goal orientation withing firms, Differences between employees working for successful and unsuccessful firms employing either performance-based pay or job-based pay, in: European Journal of Work and Organizational Psychology 12 (3/2003), 229-243.

Watrinet, Christine, Indikatoren einer diversity-gerechten Unternehmenskultur, Karlsruhe (Universitätsverlag) 2008.

Watrinet, Christine/Elmerich, Kathrin/Karl, Dorothee/Knauth, Peter, Demografischer Wandel in Unternehmenskulturen, in: *Knauth, Peter/Elmerich, Kathrin/Karl, Dorothee*, Risikofaktor demographischer Wandel, Generationenvielfalt als Unternehmensstrategie, Düsseldorf (Symposion) 2009, 75-108.

Weinert, Ansfried, Organisations- und Personalpsychologie, Weinheim – Basel (Beltz) 5. Aufl. 2004.

Wright, Jennifer, Coaching mid-life, baby boomer women in the workplace, in: Journal of Prevention, Assessment and Rehabilitation 25 (2/2005), 179-183.

Zahidi, Saadla, Women and Ageing, in: *Beard, John/Biggs, Simon/Bloom, David/Fried, Linda/Hogan, Paul/Kalache, Alexandre/Olshansky, Jay*, Global Population, Peril or Promise?, Working Paper 89 (2012), 21-24.